TRAUM VOM DENKEN

D1730359

TRAUM VOM DENKEN

In memoriam Ernő Kunt

Herausgegeben von

ZSUZSA SZARVAS

Hefte des Instituts für kulturelle und visuelle Anthropologie
an der Universität zu Miskolc
2
Miskolc, 1996

Der Band konnte mit Unterstützung
der Soros Foundation erscheinen.

Umschlaggestaltung: SI-LA-GI Sabolch

ISSN 1219-5073
ISBN 963 661 263 3

Kiadja
a Miskolci Egyetem Kulturális és Vizuális Antropológia Tanszéke
Készült a Miskolci Egyetem Sokszorosító Üzemében
A sokszorosításért felelős: Kovács Tiborné üzemvezető
Nyomdaszám: KVAT 96-500

Einführung

"Der Mensch wird oft zum Bild.
Vielleicht stößt so
auf ihn ein anderer,
der weiß,
wie er zu sehen ist,
der sehen kann
und nicht sprechen,
dessen Blick verzaubert,
der aus dem Bild
den befreit,
den es darstellt."

(Ernő Kunt)

Mit diesem Band nehmen wir Abschied von Ernő Kunt - dem Wissenschaftler, dem Künstler, dem Pädagogen. Ein Leben lang hat ihn der Tod beschäftigt, und nun mußte er ihn selbst erfahren. Sein Leben war kurz, dafür aber umso vollkommener, er hinterließ viele - tatsächlich unsterbliche - Werke, und dennoch blieb sein Lebenswerk in so mancher Hinsicht ein Torso.

Am 17. April 1948 in Budapest geboren, lebte Ernő Kunt bis 1960 in Ózd. Dann zog seine Familie nach Miskolc, eine Industriestadt in Nordungarn. Das Universitätsstudium absolvierte er an der Lajos-Kossuth-Universität zu Debrecen, wo er 1974 neben dem Lehrerdiplom für ungarische Sprache und Literatur das Diplom eines Ethnographen-Museologen erhielt.

Von 1974 bis 1993 war er in verschiedenen Funktionen am Miskolcer Herman-Ottó-Museum tätig. Ein postgraduales Stipendium ermöglichte es ihm, 1976/77 für zehn Monate nach Finnland zu gehen, wo er sich an den Universitäten zu

Helsinki und Jyväskylä dem Studium der kulturellen und visuellen Anthropologie, der transkulturellen Psychologie und innerhalb dieser dem Studium der Thanatologie sowie der kreativen Fotografie widmen konnte.

Im Jahre 1979 erwarb er den Doktortitel mit der Arbeit " Friedhöfe in den Dörfern des Aggteleker Karstes". In der Zwischenzeit suchte er regelmäßig Menschen in den Dörfern innerhalb und außerhalb der Landesgrenzen Ungarns auf, führte beeindruckende Feldarbeiten aus, war unermüdlich im Sammeln von bäuerlichen Kenntnissen in Bezug auf den Tod und die Vergänglichkeit, versuchte, die visuelle Kultur der Bauern so gut wie möglich kennenzulernen, veranstaltete Ausstellungen, hielt erfolgreiche Vorträge auf Konferenzen im In- und Ausland. Das eingehende Studium der europäischen bzw. nordamerikanischen Fachliteratur zur Ethnographie-Anthropologie ließ ihn immer mehr zu der Überzeugung gelangen, daß er sein enger gefaßtes Fach, die Ethnographie, durch die Integration der Ergebnisse aus Anthropologie und Soziologie flexibler zu gestalten hat, damit die forscherische Sensibilität die Fähigkeit erlangt, die Herausforderungen von Gegenwart und Zukunft glaubwürdig zu interpretieren und zu erwidern. In diesem Sinne schrieb er eine zusammenfassende Studie über das Verhältnis des Menschen unserer Zeit zur Vergänglichkeit, die Wirkens wurde Ernő Kunt 1985 in den Verband Ungarischer Fotokünstler und 1986 in den Kunstverein aufgenommen.

*Ab 1990 lehrte er an verschiedenen Univer-
sitäten in Ungarn. So übernahm er innerhalb
der Philosophischen Fakultät der Budapester
Lóránd-Eötvös-Universität an dem damals gerade entstehenden Lehrstuhl für Kulturanthropo-
logie die Organisierung des Unterrichts visuel-
ler und kognitiver Anthropologie, lehrte auf Er-
suchen des Miskolcer Philosophenverbandes das
Fach geistige Ethnographie und erhielt schließlich 1992 den Auftrag, den Lehrstuhl für Kulturelle und Visuelle Anthropologie an der Universität in Miskolc ins Leben zu rufen und zu lei-
ten. Mit aller Energie schritt er an diese Aufgabe heran, ihm schwebte ein absolut progressiver
Lehrstuhl vor, dessen Ziel es sein sollte, eine
komplexe Kulturforschung in Ungarn zu schaffen. Diesen Lehrstuhl baute und gestaltete er
dann im engsten Sinne des Wortes genommen
förmlich aus dem Nichts: er rief Lehrer aus allen Teilen des Landes zu sich, schuf eine Bi-
bliothek, erarbeitete eine großangelegte Konzeption für den Unterricht der kulturellen und visuellen Anthropologie, war in einer Person geisti-
ger Vater und praktischer Organisator dieser
Institution.
Schon im ersten Jahr veranstaltete er eine
großangelegte Konferenz unter dem Titel "Das
Dilemma der komplexen Kulturforschung im
heutigen Ungarn. Die Chancen einer anthropologischen Annäherung." Hier bot sich uns die
Gelegenheit, sein Glaubensbekenntnis über die
Anthropologie, bzw. über eine anthropologische
Ausbildung zu hören und später auch zu lesen:
"Allem voran tut es not, das Leben der einen*

immer größeren Wohlstand genießenden Menschen, besonders aber das der immer mehr veramenden Menschen kennenzulernen, bevor auch nur irgendwer Pläne zum politischen Handeln, Steuererhöhungen oder Hilfsprogramme in Angriff nimmt. Und noch dringender bedarf es wirklicher gesellschaftswissenschaftlicher Kenntnisse, um die globalen wie lokalen Spannungen zwischen diesen Gruppen in den Griff bekommen zu können. Dazu wiederum bedarf es vielseitig gebildeter Gesellschafts- und Kulturforscher. Solcher Ethnographen, die die gesellschaftlich-kulturelle Untersuchung des Bauerntums als die einer gesellschaftlichen Großgruppe mit typischen Überlieferungen und Traditionen auffassen, die gleichsam aber auch Interesse und Offenheit zeigen sowie über ausreichende Fähigkeiten verfügen, gleich welche anderen Klein- oder Großgruppen der Gesellschaft kennenzulernen,

Ethnographen, für die es selbstverständlich ist, nicht allein die ungarischen, sondern die im Karpatenbecken beheimateten, viel mehr noch die vom Balkan bis hin zum Baltikum lebenden, die auf dem gesamten europäischen Kontinent und darüber hinaus verbreiteten Gesellschaften sowie nicht allein die herkömmlichen, sondern auch die heutigen, nicht allein die festtäglichen, sondern auch die alltäglichen Kulturen zu untersuchen, zu verstehen und zu interpretieren. Dafür muß man aber nicht nur Ethnographie, sondern auch Ethnologie (die Kunde von den Völkern außerhalb Europas), Sprachen und Philologie, Geschichte, Soziologie, Psychologie,

Philosophie und allem voran Selbstkenntnis studieren. Und heute werden diese Gesellschafts-
und Kulturforscher im allgemeinen nicht Ethnographen, sondern Kulturanthropologen - auf
diesem Kontinent europäische Ethnologen - genannt." (Ernő Kunt: Die Suche nach Anthropologie. In: Das Dilemma der komplexen Kulturforschung im heutigen Ungarn. Miskolc 1993.
114-115.)

Dieses Unternehmen konnte er nicht mehr zu
Ende führen, in eine endgültige Form bringen -
der Tod riss ihn mitten aus dem Schaffen.

Der internationale Raum war für Ernő Kunt
stets wichtig und bestimmend, so durfte er zahlreiche ethnographische und ethnologische Lehr-
stühle im deutschen Sprachgebiet persönlich
kennenlernen. Am Schweizerischen Jung-Institut
hielt er regelmäßig Vorträge. Seine letzte länge-
re Reise führte ihn 1993 nach Marburg, wo er
als Gastprofessor an der dortigen Philips-Uni-
versität vier Monate lang die visuelle Anthropologie in ihrer Theorie unterrichtete.

Aus diesem Grunde dachten wir daran, in
erster Linie an die ausländischen Kollegen und
Freunde Ernő Kunts heranzutreten, um bei der
Schaffung eines Bandes zu seinem Gedenken
mitzuwirken. Auf unsere Bitte wurden uns die
vorliegenden zehn Studien zugeschickt. Von der
Thematik her sind sie recht unterschiedlich, stehen aber als Schriften zur Visualität, zum Tod,
zur gegenständlichen Welt bzw. zu gesellschaftlichen Problemen unserer Zeit dem Interessen-
kreis und der Forschungstätigkeit von Ernő
Kunt nahe. Es sei allen gedankt, die neben ih-

rer vielseitigen Inanspruchnahme, die Schriften so kurzfristig einsenden konnten.

Gedankt sei auf diesem Wege auch all denen, ohne deren hingebungsvolle Hilfe dieser Band nicht hätte zustandekommen können: József Kotics, der mir bei der Redaktionsarbeit behilflich war, und Mónika Lőrincz, die bei der Zusammenstellung der Bibliographie von Ernő Kunt mitwirkte, sowie Ferenc Kovács, der bei der Gestaltung des Umschlags mitarbeitete.

> "Der Mensch wird oft zum Bild...
> oder wartet nur darauf,
> es endlich einmal zu werden,
> daß er endlich etwas erlebt,
> daß eine erlösende Hand
> ihn in ein Bild erhebt."
>
> (*Ernő Kunt*)

Zsuzsa Szarvas

Bibliographie
des wissenschaflichen Werkes
von Ernő Kunt

1974

A bakiszekér Pányokon.
A Miskolci Herman Ottó Múzeum Közleményei. 13. Miskolc. 119-124.
Über ein primitives Transportmittel.

Csiki tél. Népművészet.
In: Alföld XXIII. évf. 12. sz. Debrecen.
50-63. 17 fényképpel
Winter in Csík. Volkskunst.

1975

A magyar népi temetők szemiotikai elemzése.
In: A miskolci Herman Ottó Múzeum Évkönyve. XIII-XIV. Miskolc. 475-507.
29 fényképpel és 2 szövegközti rajzzal
Semiotische Analyse der Ungarischen Dorffriedhöfe

Kísérlet sírjelek népművészeti elemzésére.
In: A Miskolci Herman Ottó Múzeum
Közleményei. 14. Miskolc. 104-112.
Versuch, die Grabmerkmale als Volkskunststücke zu analysieren.

Hiedelemrendszer és társadalmi
parancs. (A magyar népi halotti szokások
társadalmi vonatkozásai).
In: A hiedelmek természete, szerveződése
és szerepe a mindennapi tudatban. Visegrád. 46-54.
Beliefsystem and social Command.

Psyciatric and Forensic Analysis of Suicides
and Homicidal Crimes Perpetrated under
the Influence of Superstitious Impressible
Delusions.
*Forensic Science incorporating the Journal
of Forensic Medicine l. 5: 2. 160*

1976
Temetkezési szokások Pányokon I.
In: A Miskolci Herman Ottó Múzem
Évkönyve. XV. 263-290. 18 fényképpel
Bestattungsbräuche in Pányok.

1977
Fejfa - über das hölzerne Grabmal in Ungarn.
Tribus 26. Stuttgart. 37-61. mit 27 Abbildungen

1978

Temetők az Aggteleki-karszt falvaiban.
Kossuth Lajos Tudományegyetem Néprajzi
Tanszéke. Debrecen. 151 p. 95 rajzzal és
fényképpel
*Friedhöfe in den Dörfern der Aggteleker-
Karstgegend.*

A halál tükrében.
Új Írás 18:3. Budapest. 64-82.
Im Angesicht des Todes.

Kecsketartás Teresztenyén. (Viga Gyulával)
Ethnographia 89. Budapest. 578-585.
Goat-keeping at the village Teresztenye.

1979

...azok a gyerekek.
Képek a századelői Mezőkövesd gyerme-
keinek életéből.
Herman Ottó Múzeum kiállitásvezető.
Miskolc. Herman Ottó Múzeum 16 p. 12
fényképpel
Kinder ohne Kindheit.
Paraszti kultúra - modern népművészet.
Köznevelés XXXV. 24. sz. Budapest. 25-28.
Bauernkultur-moderne Volkskunst.

Flurkreuze in Ungarn.
Volkskunst 2:3. München 186-188.

13

Spielzeug und Sozialisation.
Volkskunst 2:4. München. 225-230.

Myths of Mortality.
In: Hoppál M. (ed.): Myth and History, a
Symposium. Budapest. 39-41.

Lappföld. Antero Takala képei.
Fotóművészet 79:3.Budapest. 36-39.
Lappland. Die Bilder von Antero Tanaka.

Matyóföld a századelőn.
Múzsák. 3. Budapest. 10-11.
Das Matyóland um die Jahrhundertwende.

A vizuális kultúráról. Vitaanyag.
Kultúra és közösség 80:6. Budapest. 18-22.
Über die visuelle Kultur.

A múzeumok folklór vonatkozású kiadványairól (1974-1976).
A Szekszárdi Béri Balog Ádám Múzeum
Évkönyve. 8-9. Szekszárd. 266-271.
Über die Veröffentlichungen der Museen zur
Folklore.

Kérdőív a halotti, temetési szokások gyűjtéséhez.
Palóc kutatás. Módszertani közlemények
22. Eger. 13 p.
Fragebogen zur Sammlung von Todes und
Bestattungsbräuche.

1980

Hiedelemrendszer és társadalmi parancs. A magyar nép halotti szokásainak társadalmi vonatkozásai
In: Frank T. - Hoppál M. (szerk.): Hiedelemrendszer és társadalmi tudat I-II. Budapest. 324-332.
Belief-System an Social Command.

Babonás hiedelmekkel kapcsolatos befolyásoltatásos téveszmék. Történeti és etnográfiai aspektusú kulturpszichiátriai vizsgálatok.
In: Frank T. és Hoppál M. szerk.: Hiedelemrendszer és társadalmi tudat I-II. Budapest. 332-341.
Bewichery Delusions Relating to Superstitious Beliefs

Így játszottunk! Egy mezőkövesdi asszony életmeséje.
Új Írás XX:7. Budapest. 3-8.
Unsere Spiele. Aus dem Leben einer Frau von Mezőkövesd.

1981

A halál tükrében.
Magvető Könyvkiadó. Budapest, 192 p.
Im Angesicht des Todes.

Adalékok a magyar népi temetők szemiotikai vizsgálatához. In: Gráfik Imre-Voigt Vilmos (szerk.): Kultúra és szemiotika. Akadémiai Kiadó, Budapest. 401-410. 7 fényképpel.
Beiträge zur semiotischen Untersuchung der ungarischen Dorffriehöfe.

Halál, kultúra, társadalom.
Világosság XXIII:6. 358-362.
Tod, Kultur, Gesellschaft.

Magyar paraszti sírjelek.
Műveltség és Hagyomány. XX. Debrecen. 191-221.
Ungarische bäuerliche Gräbmäler.

Fényképek és parasztok.
Fotóművészet 81:4. Budapest. 3-22, 44-45.
Lichtbilder und Bauern.

Vörös Felhő földjén. Korniss Péter könyvéről.
Fotóművészet 81:4.47-51
Im Land der Roten Wolke. Über das Buch von Péter Korniss.

Kézben egy szív.
Solymos László kiállítása.
Fotóművészet 81:1. Budapest. 53-54.
Ein Herz in der Hand. Eine Ausstellung von László Solymos.

A felnőttéválás fontos eszközei voltak: a paraszti gyermekjátékok.
Élet és Tudomány 36. Budapest. 1263-1265.
Die bäuerliche Kinderspiele als wichtige Mittel beim Erwachswerden.

Ungarische bäuerliche Grabmäler.
In: Ethnographica et Folkloristica Carpatica 2. Debrecen 191-221. mit 12 Abbildungen.

1982

Temető és társadalom.
In: Hoppál Mihály-Novák László (szerk.): Halottkultusz. Előmunkálatok a Magyarság Néprajzához 10. Magyar Tudományos Akadémia Néprajzi Kutatócsoport. Budapest. 243-256.
Friedhof und Gesellschaft.

Fényképezés és kultúrakutatás.
Fotóművészet 82:4. Budapest. 32-38, 49-51.
Fotografierung und Kulturforschung.

1983

Temetők népművészete.
Corvina Könyvkiadó, Budapest. 108 p. 31

szövegközti rajzzal és 40 fekete-fehér és
16 szines fényképpel.
Volkskunst ungarischer Dorffriedhöfe .
Corvina Verlag Budapest. 139 p. 31 Tex-
tabbildungen, 4O sw. 16 farbige Fotografien.

Folk Art in Hungarian Cemeteries.
Corvina Publishing HouseBudapest. 130.
p. with 31 illustrations 40 black and
white and 16 colour photographs.

Photography and the Peasant.
The New Hungarian Quarterly XXIV:92.
140-143.

A történelem képei. Pentti Sammalahti
munkáiról.
Fotóművészet 83/2.Budapest. 39-41.
*Bilder aus der Geschichte. Über die Arbeiten
von Pentti Sammalahti.*

1984
Lichtbilder und Bauern. Ein Beitrag zu einer
visuellen Anthropologie.
Zeitschrift für Volkskunde 80:2. Stuttgart.
216-228.

Das Foto als Bauernbild in Ungarn.
Volkskunst 7:2. 6 Fotografien 11-14.

Interetnikus kapcsolatok Északkelet Magyarországon.
(Szerk. Szabadfalvi Józseffel és Viga Gyulával)
A Miskolci Herman Ottó Múzeum Néprajzi Kiadványai XV. Miskolc. 1984. 323 p.
Interethnishe Beziehungen in Nordostungarn.

1985

Tod - Gesellschaft - Kultur.
In: D. Sich és H. H. Figge és P. Hinderling Hrsg.: Sterben und Tod. Eine kulturvergleichende Analyse. AGEM Braunschweig/ Wiesbaden. 45-59.

A miskolci Herman Ottó Múzeum fényképgyűjteménye.
Történeti Muzeológiai Közlemények. 1-2. (1984) 119-124.
Das Fotoarchiv des Herman Ottó Museums zu Miskolc.

A mulandóság szobrai. Kunt Ernő fényképeinek kiállítása.
Budapest Galéria Budapest. 32 p. 34 fényképpel
Statuen der Vergänglichkeit/Sculptures of Transitoriness.

A kép keresése avagy a mítosz fontosságáról.
Fotóművészet 85:1. Budapest. 34-40. 9
fényképpel
*Search for the Photo, or the Importance of
the Myth.*

1986

Fotografie und Kulturforschung.
Fotogeschichte 6: 2. Frankfurt. 26 fényképpel. 13-33.

Die Statuen der Vergaenglichkeit Eine Fo-
toausstellung von Dr. Ernő Kunt.
Führer des ethnographisches Museum
Schloss Kittsee Kittsee – 52 fényképpel

1987

Az utolsó átváltozás. A magyar parasztság ha-
lálképe.
Gondolat Könyvkiadó Budapest. 300 p.
24 fényképpel
*Die letzte Verwandlung. Das Todesbild im
ungarischen Bauerntum.*

Nép-rajz és foto-antropológia. Vizuális antropológiai jegyzetek paraszti használatú fényké-
pekről.
Ethnographia XCVIII:1. Budapest. 1-47.
24 fényképpel

Ethno-Graphy and Photo-Graphy. Visual Anthropological Notes on Photos in Peasants Usage.

A fénykép a parasztság életében. Vizuális antropológiai megközelítés.
Népi kultúra - Népi társadalom XIV. Magyar Tudományos Akadémia Néprajzi Kutatócsoport. Budapest. 235-290. 46 fényképpel
Das Foto im Leben der Bauern.
Van kép a bőrödön?
Forrás 19:3. Kecskemét. 94-99.
Steht's dir ins Gesicht geschrieben?

Vizuális folklór - vizuális antropológia.
In: Kriza I. és Kertész S. (szerk.): Irányzatok a kortársi folklorisztikában. Folklór és tradíció. III. Magyat Tudományos Akadémia Néprajzi Kutatócsoport. Budapest. 70-75
Visuelle Folklore-visuelle Anthropologie.

1988
Családi fényképek üzenete.
In: Máténé Szabó Mária és Mohay Tamás (szerk.): Néprajzi útmutató diákoknak és szakkörvezetőknek Tudományos Ismeretterjesztő Társulat. Budapest. 233-268.
Botschaften durch Familienfotos.

Vizualitás és patológia. Két paraszti származású elmebeteg rajzának vizuális antropológiai vizsgálata. A Miskolci Herman Ottó Múzeum Évkönyve XXV-XXVI. Miskolc. 855-866. 8 fényképpel
Visuelität und Pathologie. Die Visuelle anthropologishche Untersuchung der Zeichnungen von zwei Geisteskranken bauerlicher Herkunft.

Finn évszakok. Tekintet 88:3. Budapest 88-99.
Finnische Jahreszeiten.

1989
Vizuális kultúra és vizuális művészetek. Vizuális antropológiai jegyzetek. A Miskolci Herman Ottó Múzeum Évkönyve XXVII. Miskolc. 275-284.
Visuelle Kulturforschung und visuellen Künste. Visuell-anthropologische Bemerkungen.

1990
Bild-Kunde-Volks-Kunde (Hrsg.)
Beiträge der III. Internationalen Tagung des Volkskundlichen Bildforschung Komit-

tee bei SIEF/UNESCO VKO. Herman
Ottó Múzeum. Miskolc 382 p.

Etnho-Graphie Foto-Graphie.
In: Kunt Ernő Hrsg.: Bild-Kunde Volks-
Kunde. Miskolc 121-143. mit 16 Foto-
grafien

Im Angesicht des Todes. Nachdenken über
die Vergänglichkeit.
Urania Verlag. Leipzig-Jena-Berlin. 136 p.

Foto-Anthropologie. Bild und Mensch im
ländlichen Ungarn der ersten Haelfte unseres Jahruderts.
Veröffentlichungen zur Volksunde und
Kulturgeschichte 43. BBV.Würzburg. 92
p. mit 21 Fotografien

Foto-Anthropologie. (Ein Nachtrag)
Bayerische Blaetter für Volksunde 17.
90:3. Würzburg 174-176.

Emlékezés és felejtés avagy a halál három
kalapja.
Holmi II. 10. Budapest 1089-1101.

Remembrance and forgetting or Death' s three gats.
Temetkezési szokások Pányokon II.
A Miskolci Herman Ottó Múzeum
Évkönyve 28-29. 497-529.
Bestattungsbräuchen in Pányok II.

Tradition und Modernisierung im Bildgebrauch der Bauern in Ungarn.
In: Bente Gullveig Alver és Torunn Selberg ed.: SIEF 4 th Congress Papers II.Bergen 393-400.

Temetkezési szokások.
In: Dömötör Tekla főszerk.: Népszokás, néphit, népi vallásosság.
Magyar Néprajz VII. Akadémiai Kiadó. Budapest. 67-1O2. 26 fényképpel.
Burial rites.

Merre nyit utat a blokád? A pillanat néprajzához.
Orpheus 9O/4. Miskolc. 65-94. 27 fényképpel
Welche Wege öffnet die Blokade? Die Ethnograhie eines Moments.

1991

The Three Hats of Death A Hungarian Case
Study
Ethnologia Europaea 21:2. Koppenhagen.
171-179.

Egyetemi néprajzi oktatási kísérletek Miskol-
con.
Néprajzi Hírek. 20:4. 52-55.
*Volkskundliche Unterrichtsversuche an der
Miskolcer Universität.*

1992

Antropológia és pszichológia.
In: Mohay Tamás (szerk.): Közelítések.
Debrecen. 387-406.
Anthropologie und Psychhologie.

Approaches in photo-anthropology.
Ethnograpca et Folkloristica Carpatica. 7-
8:2. 453-478.

1993

Az antropológia keresése.
Valóság. Budapest. 73-88.
Die Suche nach Anthropologie.

Kik döngetnek s milyen kapukat...? A Fiatal Néprajzkutatók Országos Konferenciája elé. In: Fejér Gábor (szerk.): Fiatal Néprajzkutatók Országos konferenciája. A Makói Múzeum Füzetei 75. Makó. 5-12.
Wer klopft an welches Tor...? Einführende Gedanken zur Landeskonferenz Junger Ethnographen.

A komplex kultúrakutatás dilemmái a mai Magyarországon. (szerk. Szarvas Zsuzsával) A Kulturális és Vizuális Antropológiai Tanszék Füzetei 1. Miskolci Egyetem, Miskolc 146.
Das Dilemma der koplexen Kulturforschung im heutigen Ungarn.

Az antropológia keresése. In: Kunt Ernő-Szarvas Zsuzsa (szerk.): A komplex kultúrakutatás dilemmái a mai Magyarországon. Miskolc 111-133.
Die Suche nach Anthropologie.

Todesbilder
Zur medialen Vermittlung von Gewalt in ethnischen Konflikten

SIEGFRIED BECKER (Marburg)

Als Ernő Kunt im Sommersemester 1993 seinen Aufenthalt als Gastprofessor am Marburger Institut für Europäische Ethnologie und Kulturforschung beendete, schied er nicht, ohne in der ihm eigenen, anregenden und tiefgründigen, herausfordernden und zuweilen freilich auch unbequemen Art seine Eindrücke und Vorstellungen, seine Forderungen und Fragestellungen an das Fach zu resümieren, ja die Aufgaben heutiger Geisteswissenschaften im allgemeinen und der kulturwissenschaftlichen Disziplinen im besonderen einzufordern. Und er zögerte auch nicht, eine analytische Virologie jener Erosion des aufklärerischen Impetus, jener Resignation des Anspruches gesellschaftlicher Relevanz anzumahnen, die er festzustellen glaubte in den aktuellen kulturtheoretischen Orientierungen des Faches. War es ihm doch wichtig, dieses Fach in seinem Selbstverständnis als Europäischer Ethnologie angesichts der Krisen und Konflikte der Kulturen in Europa zur Erprobung seiner Werkzeugkammer, seines methodischen und analytischen Instrumentariums aufzurufen.

Aus seiner spezifischen Erfahrungs- und Interessenlage, in der er seine Betroffenheit als Kulturwissenschaftler in einem im kulturellen und gesellschaftlichen Umbruch befindlichen und nach Selbstidentifikation strebenden Land formulierte, und auch aus der räumlichen Nähe zu den politischen Problemen und Krisen in Südosteuropa heraus entwarf er einen Fragenkatalog an das Fach, den er nicht ontologisch, sondern ethisch ausgerichtet und an der Verantwortung gegenüber den europäischen Kulturen gemessen sehen wollte. Mit der Wahrnehmung von Konflikten in der Welt, die er exemplarisch in der Aufforderung zur Betrachtung und Auseinandersetzung mit dem bosnisch-serbischkroatischen Krieg als Mischung dynastischer, religiöser, nationaler und zivilisatorischer Spannungen andeutete, machte er auf die Notwendigkeit eines Nachdenkens über die Definition nationaler Identitäten, auch der Bildung nationaler Identitäten über den Krieg, über das Hervorheben tradierter Hoheitszeichen und das Desiderat zukunftsorientierter Symbole, als dem eigentlich genuinen Anliegen unseres Faches aufmerksam. Volk und Nation als zentrale Begriffe in den Handlungsmustern und Argumentationsstrategien des politischen Jonglierens jedoch schienen ihm aus kulturwissenschaftlicher Perspektive noch längst nicht genügend problematisiert, ihre Dimensionen in den Spannungsfeldern und Bruchzonen der europäischen Kulturen noch nicht hinreichend erkannt.

Ernő Kunt wußte um die große Bedeutung, die dem Tod und seiner personalen und kollektiven Verarbeitung in der Kultur zukommt. Seine thanatologischen Studien legen Zeugnis davon ab (Kunt 1990a). Vor allem sind es seine empirischen Forschungen gewesen, die uns seine tiefe Kenntnis des Landes und der Bevölkerung nachdrücklich aufzeigten, auf Fahrten im Bükk-Gebirge aber habe ich auch sein Engagement in der Feldarbeit und seine didaktischen Fähigkeiten in der Vermittlung von Problemen und Fragestellungen schätzen gelernt. Daß er sich immer wieder in großartigen Arbeiten mit der Gestaltung und kulturellen Symbolik ungarischer Dorffriedhöfe befaßte (Kunt 1978, 1983), läßt uns sein Verständnis der kulturellen Formulierungen für das Verhältnis des Menschen zum Tod, der Gestaltungs- und Aussagekraft der Erinnerungskultur in der Aufnahme und Auseinandersetzung mit dem Anderen, der Verflechtungen zwischen Bestattungsort und örtlicher Kultur und Gesellschaft ahnen. Vielleicht hat er aus seiner Kenntnis dieser kulturenübergreifenden Bedeutung der Totenverehrung heraus die zerstörerische, brutale Gewalt des Krieges und der ethnischen Konflikte in Südosteuropa umso schmerzlicher empfinden müssen, ganz ähnlich wie es der serbische Dissident Bogdan Bogdanović in seinem Entsetzen über den Vandalismus und die Perversion des Krieges geschildert hat, jenem Entsetzen, welches sich auch an der Auslöschung einer Symbolkultur entzündete, an der Zerstörung der Friedhöfe. "Mit derselben Systematik, mit der sie die Städte zerstören, zerstören die modernen Barbaren auch die Friedhöfe", schreibt er in einem Essay, aus dem der Schmerz über die Auslöschung der Erinnerungen spricht: "Da aber Friedhöfe auch eine Art Stadt sind, meldet sich wieder jene selbe panische Furcht vor der angehäuften 'fremden' Erinnerung und ihren bösen, okkulten, unverständlichen Botschaften. Dabei wissen die Zerstörer nicht - woher sollten sie auch -, daß sie im Wüten gegen die Erinnerungen ihrer Nachbarn auch die Kette der eigenen anthropologischen Erinnerung zerreißen. Ethnisch reine Kulturen gibt es nicht. Dieser Irrtum ist besonders fatal auf dem Balkan, wo der Reichtum des Modells ja gerade in einem tausendjährigen gegenseitigen Durchdringen besteht" (Bogdanović 1993, S. 43f.).

Im Grauen des Krieges werden die Konstruktionen nationaler Identitäten in ihren verheerendsten, menschenverachtendsten Dimensionen entlarvt, Konstruktionen kollektiver Mythen, die zu ihrer konsequenten Internalisation durch breite Bevölkerungsschichten der medialen Vermittlung bedürfen. Ernő Kunt hat sich in seinem Konzept einer Visuellen Anthropologie der Bildung von Mythologien über Bilder gewidmet, der privaten Mythologien vor allem, in deren Konstruktion die Fotografie eine wesentliche und aufschlußreiche Rolle spielt. Ihr galt seine besondere Aufmerksamkeit. Aber er hat darüber die Bedeutung der großen visuellen Medien nicht vergessen, welche die großen kollektiven Mythen pflegen, den Kult der Geschlechter, von Erfolg, Glück, Macht und nationaler Identität - von Fetischen also, denen er in Anlehnung an Roland Barthes die Verkörperung und Symbolisierung der verschiedenen normativen gesellschaftlichen Werte zuschrieb (Kunt 1990b, S. 12). Verantwortung und Verführung der medialen Information aber wird selten offenkundiger als in der Berichterstattung über Kriege und ethnische Konflikte, und die Brechungen der Wahrheit, die erstes Opfer eines Krieges ist, gehen in die Konstruktion jener kollektiven Mythen ein, die den Krieg überdauern und seine Verarbeitung so schwierig, wenn nicht unmöglich machen.

Kaum begann nach dem Golfkrieg die Berichterstattung über die vermeintlich "saubere", auf militärische Ziele gerichtete und mit Mitteln einer hochsensiblen elektronischen Technologie ausgerüsteten Intervention in Frage gestellt zu werden (MacArthur 1993), wurde die Weltöffentlichkeit von den Horror-Meldungen und Schreckensszenarien der bosnischen Tragödie aufgerüttelt. Nach dem Krieg am Reißbrett, wie er in der Medienberichterstattung über den Golfkrieg vorgeführt worden war, nach diesem Krieg, in dem "intelligente" Waffensysteme vorherrschten und die Menschen kaum mehr in Erscheinung traten, trugen die Fernsehsender nun die Bilder von den Opfern mörderischer Massaker an der Bevölkerung in die Wohnzimmer; und über die Dauer des Krieges hin wird immer deutlicher, daß dieser Ausbruch eruptiver Gewalt keine vorübergehende, keine zu beschwichtigende Aggression gegen militärische Gegner ist. Die Grausamkeiten des Krieges eskalieren, und mit ihnen übermitteln die visuellen Medien die blutige Brutalität des Terrors gegen die Zivilbevölkerung, des Mordens an Greisen, Frauen und Kindern. Bilder des Blutbades in Sarajevo am 5. Februar 1994 gehen um die Welt und lassen die Ohnmacht der langen diplomatischen Verhandlungen, lassen das Zusehen des Westens deutlich werden. Europa brennt an seiner Peripherie, und die Wunden lassen sich nicht heilen. Was uns da mitgeteilt wird, ist der andere Krieg, in dem Mord und Vergewaltigung, Vertreibung und Flucht, Zerstörung von Kulturgütern und Genozid alltäglich werden.

Nun sind diese beiden Seiten der Berichterstattung im Krieg und über den Krieg so neu nicht. Freilich, die beiden genannten Kriege lassen sich hinsichtlich der Ursachen, Interessen und Intentionen, der militärischen Strategien und des Waffeneinsatzes nicht miteinander vergleichen. Und doch sollten die Bilder, an denen wir als außenstehende, ferne Betrachter der Nachrichten über den Krieg die Verhältnisse zu beurteilen bereit sind, zum Nachdenken Anlaß geben. Kriegsdarstellungen haben sich der Konstruktion von Perspektiven, der Heroisierung des

Kampfes wie auch der Instrumentalisierung des Elends zu bedienen gewußt. Dies ist im ehemaligen Jugoslawien nicht anders gewesen. Lange bevor die eigentlichen Auseinandersetzungen begannen, setzte die mediale Inszenierung einer mentalen Aufrüstung bereits ein. Was 1986 mit dem Memorandum der Serbischen Akademie der Wissenschaften in verhängnisvoller Verschwisterung von Intelligenz und politischer Elite eingeläutet wurde, wußte Slobodan Milosevic in systematischer Agitationsarbeit in den Medien, zunächst gegen die Kosovo-Albaner, später gegen die Kroaten, zu nutzen, und Franjo Tudjman mobilisierte seit 1990 eine antiserbische Fanatisierung in Kroatien, die eine schwere, wenn nicht gar erdrückende Bürde für Friedensverhandlungen und künftige Koexistenz der ethnischen Gruppen sein wird. Insofern wäre Peter Glotz sicherlich beizupflichten, wenn er die Kontrolle über die Medienorganisationen als ersten - und folgenschwersten - Schritt in der Eskalation der Konflikte im ehemaligen Jugoslawien sieht und die Untätigkeit des Westens, vor allem die Unentschlossenheit zu einer Medien-Intervention kritisiert (Glotz 1993). Stattdessen werden in den westlichen Agenturen angesichts der schwierigen und gefährlichen Recherchen in den Krisengebieten vielfach gefilterte Meldungen aus den Redaktionen der fast immer kontrollierten Nachrichtenanstalten übernommen: eine Transformation der Meinungen und Perspektiven auf den Krieg, die in den - günstigenfalls noch widerstreitenden - Berichten über die blutige Wirklichkeit des Krieges ein Gegenbild zum medial bereinigten Krieg am Golf erhärtet, jene Bilder also reproduziert, welche die Funktionen der Berichterstattung im Krieg und über den Krieg, diejenige der Legitimation und diejenige der Abschreckung und Abgrenzung, erkennen lassen.

In der ersten gigantischen Materialschlacht des Industriezeitalters war diese Macht der modernen Medien bereits erkannt und rückhaltlos ausgebeutet worden: In den verherrlichenden Darstellungen der Schlachtenmetaphorik und der Zensur in der Maschinerie des Ersten Weltkrieges (Natter 1983), aber auch in den Strategien der Agitation, des Schürens von Haß und Vorurteilen durch die Greuelpropaganda waren diese beiden Seiten der Kriegsberichterstattung stilisiert worden. Im Krieg auf dem Balkan holen uns heute auch diese Bilder wieder ein, jene Versatzstücke kollektiver Mythen, die zum gärenden Erbe der kulturellen Gewalt in Europa gehören. Die Vernichtungs- und Vertreibungsaktionen als Stammesfehden, als Regression auf archaische Gewaltbereitschaft, als anthropologische Konstante deuten zu wollen, wie es Kommentatoren gerne versucht haben, hieße die ethnischen Säuberungen, die Ausdruck eines nationalistischen und rassistischen Weltbildes sind, verharmlosen, eines Weltbildes, welches in seiner grauenvollen Konsequenz erst in der völkischen Ideologie des 20. Jahrhunderts entwickelt und über Europa hinweggetragen worden war.

Dieses Europa, das sich auf dem unaufhaltsamen Wege zu einem freiheitlichen und toleranten, den Menschenrechten verpflichteten und auf den Grundfesten demokratischer Ordnung errichteten föderalistischen Staatenbund wähnte, wird nun mit Bildern aus seiner Geschichte konfrontiert, die mit den stalinistischen Gulags und den faschistischen Konzentrationslagern überwunden geglaubt waren. Die Europäer und insbesondere die Deutschen können und dürfen sich in ihrer historischen Verantwortung diesen Bildern nicht entziehen. Die Medien haben sich ihrer Aufgabe der Information und Aufklärung zu stellen. Die Berichterstattung über Gewalt und Blutvergießen freilich stößt an ihre Grenzen, an Grenzen der ethischen Vertretbarkeit, an Grenzen der Gefährdung der Journalisten vor Ort und an Grenzen der Wahrnehmung. "Wenn das bundesdeutsche Fernsehen Abend für Abend die Bilder von brennenden Häusern aus Sarajevo ausstrahlt, von Toten, die nicht mehr begraben und von UN-Konvois, die beschossen werden, dann wollen viele schon gar nicht mehr genau hinsehen" (Hirsch 1992, S. 11): Allzu schnell läßt sich der Krieg an der europäischen Peripherie auch an den Rand des Bewußtseins drängen, und allzu schnell werden in der Vergegenwärtigung historischer Gewaltdimensionen jene Zerrbilder ethnischer Stereotypien, jene "Geister des Balkan" wieder wachgerufen, die auch die historische Verantwortung an die ethnischen Gruppen in Südosteuropa delegieren und von der europäischen Geschichte loslösen möchten.

Das Verdrängen, das Wegsehen wird uns leichter gemacht durch die Berichterstattung in den visuellen Medien, durch die Bilder vom Krieg, die Deutungsmuster für unsere Wahnehmung liefern: Ethnische Konflikte werden über die medial vermittelten Bilder von Sterben und Tod in den Straßen von Sarajevo und Bihac erfahren. Sterben und Tod werden alltäglich. Der Tod bestimmt den Alltag in den umkämpften Städten Bosnien-Hercegovinas, bestimmt das Leben der Menschen, die unter Gewehrsalven und Granatenbeschuß unmittelbar zu leiden haben; und dieses tägliche Leben mit der Angst lähmt das Empfinden des Schreckens: "Heute schokkiert nichts mehr," hat Slavenska Drakulic resümiert. "Nicht weil die Tatsachen nicht schockierend sind, sondern weil man schon so viel gesehen hat. Wir gewöhnen uns an die Brutalität dieses Krieges und an das scheinbar Unvermeidliche. Das ist das Schlimmste, was uns passieren konnte" (Drakulic 1992, S. 73). Das Empfinden der Trauer über das verlorene Zusammenleben, über das gewaltsame Zerreißen friedlicher Koexistenz, die ja gelebt wurde und Früchte trug in einer modernen städtischen Kultur, dieses Empfinden der Trauer erinnert an die Gedanken Karl Meulis, in denen er die Trauer in Beziehung setzte zur Melancholie, eine Verbindung, wie sie Freud bereits formuliert hatte (Meuli 1946, S. 101). Diesen Vergleich der Trauerbräuche mit den Symptomen der Depression hat Hannes Stubbe aufgegriffen und die Erstarrung, die depressive Stimmung und Lähmung der Vitalfunktionen als kulturenübergreifendes Merkmal der Stilisierung und Ritualisierung von Trauererleben und Trauerverhalten aufgezeigt (Stubbe 1985, S. 333ff).

Die Alltäglichkeit von Sterben und Tod in den Straßen der zerstörten Städte aber wird in der medialen Vermittlung gebündelt, kanalisiert; über die Fernsehsender werden uns die Bilder des Grauens ins Haus geliefert, und in innerer Zerrissenheit schwanken wir zwischen Hinsehen und Wegschauen, Anteilnahme und Abwendung: Gabriele von Arnim hat diese Ambivalenz im Widerstreit zwischen der humanen Pflicht, vor dem Elend der anderen nicht die Augen zu verschließen, und dem Eskapismus des Desinteresses feinsinnig ausgewogen auf jenem schmalen Grat, der sich auftut zwischen Voyeurismus und tatenlosem Mitleid, der "empfindsamen Schwermütelei", wie sie mit Lichtenberg sagt (Arnim 1995, S. 14). In den Sequenzen der Fernsehberichterstattung und den Farbbildern der Zeitschriften wird die Erfahrung des Krieges, wird das Leben mit der Angst über die Bilder des Todes vermittelt. Aber sind wir wirklich vorbereitet, diese Sprache der visuellen Kommunikation zu verstehen? Läßt sich das Empfinden der Trauer, jenes tiefe melancholisch-depressive Gefühl, das aus vielen Briefen aus dem belagerten Sarajevo spricht (Cataldi 1993), wirklich ahnen, geschweige denn erfassen in den Bildern vom Sterben und Vergehen?

Die Krisenkommunikationsforschung, die in der Diskussion um die Berichterstattung im Vietnamkrieg entwickelt und institutionalisiert worden war, hat in der jüngsten Vergangenheit mit Temesvar und Bosnien-Hercegovina, mit Ruanda und Tschetschenien, vor allem aber mit dem Golfkrieg ein intensiv diskutiertes und verantwortungsvolles Arbeitsfeld erfahren (Dombrowsky 1991; Löffelholz 1993; Simon 1991). In der Berücksichtigung einer kulturellen Semantik der Bilder von Sterben und Tod wird darin auch die kulturwissenschaftliche Medienanalyse, wie sie im methodischen und inhaltlichen Konzept der Europäischen Ethnologie und der Visuellen Anthropologie angelegt und am Marburger Institut auch in einem Forschungs- und Studienschwerpunkt aufgebaut wurde (vgl. Bimmer 1994), ihre Aufgabe finden. Ihre Kompetenz kann sie gerade dort entfalten, wo es kulturelle Deutungsmuster und Normierungen zu entschlüsseln gilt, kollektive Bewußtseinsfomen, wie sie sich etwa im Verhältnis des Menschen zum Tod ausdrücken.

Nun hat der Soziologe Werner Fuchs bereits 1973 in einer Studie nachgewiesen, daß der kulturkritische Topos von der Verdrängung des Todes in den modernen Industriegesellschaften nicht haltbar ist oder doch wenigstens differenziert werden muß nach Orientierungssystemen, denen unterschiedliche Modelle der Interpretation und Verarbeitung , verschiedene Todesbilder zugrundeliegen (Fuchs 1973). Deutlich aufgezeigt hat er die Widersprüche in den soziokulturellen Orientierungen über den Tod, die mit der wachsenden Abhängigkeit vom Einsatz des medizinisch-technologischen Instrumentariums auch jene Bilder wieder aufwerten, die den Tod als eine fremde, willkürlich zuschlagende und Ende setzende Macht darstellen. Handlungskomplexe im Umgang mit Sterben und Tod werden zunehmend auf medizinische Institutionen und das Dienstleistungsgewerbe übertragen, ein öffentlicher Diskurs, in den Medien vor allem, findet jedoch nicht statt. Wagner zählt Tod und Todesbewältigung gar zu den auffälligsten Medien-Tabus (Wagner 1991); und selbst unter Berücksichtigung der Beiträge zu Sterbehilfe und humanem Sterben bleibt der Thematisierung des Todes nur ein geringer Stellenwert.

Damit aber werden in unserer visuellen Kommunikation die Bilder von Sterben und Tod vorrangig in fiction-genres und in den Nachrichten über Kriege und ethnische Konflikte vermittelt: Tod als mediales Tabu-Thema in unserer eigenen Kommunikationskultur geriert zum Ausdruck des Fremden und erleichtert diue Abgrenzung gegenüber Kulturen, deren mediale Präsenz durch Todesbilder geprägt ist. Leicht lassen sich da jene ethnischen Stereotypien vom "ruhelosen, unbefriedeten Balkan" heraufbeschwören, lassen sich Internierung, Vertreibung und Vernichtung von Menschen als regionaler Bürgerkrieg abtun, als Ringen um das Selbstbestimmungsrecht der Völker, aus dem sich das moderne Europa tunlichst herauszuhalten habe. In Untersuchungen zur Wirkung von Massenmedien auf fremdenfeindliche Gewalt ist eingehend nach Ursachen und Erscheinungsformen der Imitation von Gewalt, der Suggestion und Eskalation gewalttätiger Ausschreitungen durch die Berichterstattung über Hoyerswerda, Rostock, Mölln und Solingen gefragt worden (Brosius/Esser 1995); wie aber werden die Reportagen über Gewalt, Zerstörung und Vernichtung in Ruanda, Bosnien und Tschetschenien rezipiert? Sollte uns nicht das verstörte Abwenden, jenes Nicht-mehr-hinschauen-Wollen, das vor der Aktualität ethnischer Konflikte die Augen verschließt und sie ins "finstere Mittelalter" verdrängen möchte, sollte uns dieses Verdrängen des Unabwendbaren nicht zu denken geben und die Bild-Sprache unserer kommunikativen Kultur, aber auch das methodische Instrumentarium kulturwissenschaftlicher Fragestellungen überprüfen lassen?

Ich habe in Passau versucht, aus den antagonistischen Konnotationen gegenwärtiger Ethnizitätskonzepte mögliche Konsequenzen für die Entwicklung von Perspektiven für unser Fach aufzuzeigen, Perspektiven der Aufarbeitung von Mechanismen des destruktiven Umgangs mit der anderen Kultur, der Aspekte kultureller Gewalt, und Perspektiven eines konstruktiven Umgangs, der Aspekte des kulturellen Friedens, der Interethnik. Der Krieg in Bosnien verdeutlicht uns in seiner tragischen, gewaltgeladenen und darum auch so eindeutigen Symbolik diese Notwendigkeit zur methodischen Revision und Diskussion: in der Symbolik des Messers (Libal 1993), das uns die ganze Brutalität des Terrors und des Mordens aufzeigt, und in der Symbolik der Blumen, die in den Ruinen von Sarajevo niedergelegt werden (Cataldi 1993, S. 152ff).

Diese Perspektiven sollten auch dem Umgang der Berichterstattung in den Medien über ethnische Krisen und Konflikte zugrundeliegen, indem sie eine reflektierende Verarbeitung des Leidens an der Gewalt durch die mediale Information intendieren. Denn die Bilder der Gewalt und die Bilder des Todes forcieren ja doch auch jene Ängste, Zerrbilder und Vorurteile, die in der Metaphorik der kulturellen Erinnerung ihren Niederschlag finden, haften bleiben im kollektiven Gedächtnis, aus dem sie schemen- und mosaikhaft wieder zitierbar werden. Wissenschaftliche Darstellungen und mediale Informationen haben sich ihre eigenen Konstruktionen der Wirklichkeit und die Verantwortlichkeit des Umgangs mit ihnen bewußt zu machen, und sie müssen auch die Chance erkennen, einer Konstruktion nationaler Mythen, einer neuerlichen Erfindung der Vergangenheit und der Verankerung von Elementen einer kulturellen Gewalt im kollektiven Gedächtnis einen hoffnungsvollen Willen zur Toleranz und Freiheit, Elemente eines kulturellen Friedens entgegensetzen zu können (Becker 1995).

Wir benötigen dazu auch die visuell erfahrbare Vermittlung eines konstruktiven, eines friedlichen Umgangs mit dem Anderen, zu dem auch die Empfindung und die Symbolik der Trauer gehören, jene Melancholie des Schmerzes, der auch in den Blumen von Sarajevo verkörpert wird. "Muß man, darf man überhaupt jeden Abend verblutete oder verhungerte Kinder ansehen?" hat Gabriele von Arnim gefragt: "Stimmt nicht eher das Gegenteil? Muß man nicht immer mehr Bilder ausblenden, um sich Empfindungen zu bewahren, um nicht abzustumpfen? Muß man sich nicht wehren gegen die angeblich umfassende Information? Muß man nicht viel mehr Tulpensträuße als Kriegstote ansehen, um selber lebendig zu bleiben? Der gute Mensch schaut hin? So einfach ist das schon lange nicht mehr." (Arnim 1995, S. 14)

In den großen Schwarzweißfotografien der Berliner Fotojournalisten Theo Heimann und Martin Fejer und des Fotografen Nihad Nino Pusija aus Sarajevo, die von der Schweizer Künstlerin Anna Brägger zu einer Wanderausstellung arrangiert worden sind, ist auf die Darstellung von Kampfszenen und Kriegstoten verzichtet worden. Aber vielleicht zeigen uns diese Bilder umso mehr das Elend von Menschen auf der Flucht, das Leiden an der Gewalt und die leisen Regungen zaghafter Hoffnung in einem zerstörten Land, und sie setzen eindrucksvoll um, was eine alte Frau den Fotografen sagte: "Erzähle aller Welt, daß wir uns nicht alle hassen!"

Ehe wir uns abwenden von den Bildern der Gewalt und der Zerstörung, von den Bildern des Todes, sollten wir uns die Empfindungen bewahren, Empfindungen der Trauer über ein verloren gehendes Modell der Toleranz und interethnischer Kommunikation.

Literatur

ARNIM, Gabriele von
1995 Hinsehen oder wegschauen? Der schwierige Umgang mit den Bildern des Grauens im Fernsehen. In: Die Zeit, Nr. 8, 17. Februar 1995, S. 14

ASSMANN, Aleida, und Dietrich HARTH (Hrsg.)
1991 Mnemosyne. Formen und Funktionen der kulturellen Erinnerung. Frankfurt/Main

BECKER, Siegfried
1994 Gewalt, Kultur und Ethnos. Anmerkungen zu einer Ethnographie der Aggression. In: Brednich, Rolf W., und Walter Hartinger (Hrsg.): Gewalt in der Kultur. Vorträge des 29. Deutschen Volkskundekongresses Passau 1993. (= Passauer Studien zur Volkskunde, 8/9) Passau, S. 179-201

BECKER, Siegfried
1995 Interethnik und kultureller Frieden. Zum Konzept des Ethnischen in der Europäischen Ethnologie. In: Roth, Klaus (Hrsg.): Europäische Ethnologie und Interkulturelle Kommunikation (im Druck)

BIMMER, Andreas C.
1994 Európai etnológia/néprajz a marburgi Philipps Egyetem. In: Ujváry, Zoltán (Hrsg.): Történeti és néprajzi tanulmányok. Debrecen, S. 369 - 378

BÖNISCH-BREDNICH, Brigitte, Rolf W. BREDNICH und Helge GERNDT (Hrsg.)
1991 Erinnern und Vergessen. Vorträge des 27. Deutschen Volkskundekongresses Göttingen 1989. (= Schriftenreihe der Volkskundlichen Kommission für Niedersachsen, 6) Göttingen

BOGDANOVIĆ, Bogdan
1993 Die Stadt und der Tod. Essays. Aus dem Serbischen von Klaus Detlef Olof. Klagenfurt-Salzburg

BROSIUS, Hans-BERND, und Frank ESSER
1995 Eskalation durch Berichterstattung? Massenmedien und fremdenfeindliche Gewalt. Opladen

BRUCK, Peter A.
1991 Augenzeugenzwänge. Medien im Krieg. In: Medien-Journal, 1/1991, S. 3 - 11

CATALDI, Anna (Hrsg.)
1993 Briefe aus Sarajevo. Stimmen aus einer sterbenden Stadt. München

DJURIC, Rajko, und Bertolt BENGSCH
1992 Der Zerfall Jugoslawiens. Berlin

DOMBROWSKY, Wolf R.
1991 Krisenkommunikation. Problemstand, Fallstudien und Empfehlungen. Jülich

DRAKULIĆ, Slavenska
1992 Dieses tägliche Leben mit der Angst. In: Die Zeit, Nr. 23, 29. Mai 1992, S. 73

FUCHS, Werner
1973 Todesbilder in der modernen Gesellschaft. Frankfurt/Main

GLOTZ, Peter
1993 Der Wahrheit eine Waffe. In: Die Zeit, Nr. 37, 10. September 1993, S. 57f.

HESS-LÜTTICH, Ernest W.B. (Hrsg.)
1992 Medienkultur - Kulturkonflikt. Massenmedien in der interkulturellen und internationalen Kommunikation. Opladen

HIRSCH, Helga
1992 Die Fratze des Mittelalters. Der Krieg in Bosnien - eine Tragödie jenseits aller politischen Vernunft. In: Die Zeit, Nr. 26, 19. Juni 1992, S. 11.

HÖMBERG, Walter
1988   Konflikte, Krisen, Katastrophen. Angst durch
       die Medien - Angst vor den Medien. In:
       Wagner, Hans (Hrsg.): Idee und Wirklich-
       keit des Journalismus. München, S. 129 - 141
JUNGERMANN, Helmut, Bernd ROHRMANN und
Peter M. WIEDEMANN (Hrsg.)
1990   Risiko-Konzepte, Risiko-Konflikte, Risiko-
       Kommunikation. Jülich
KUNT, Ernő
1975   A magyar népi temetők szemiotikai elem-
       zése. In: A miskolci Herman Ottó Mú-
       zeum Evkönyve, XIII/XIV, S. 475-507
1978   Temetők az Aggteleki-karszt falvaiban.
       Debrecen
1983   Temetők népművészete (dt. Ausg.: Volk-
       skunst ungarischer Dorffriedhöfe.) Budapest
1990a Im Angesicht des Todes. Nachdenken über
       die Vergänglichkeit. Leipzig-Jena-Berlin
1990b Foto-Anthropologie. Bild und Mensch im
       ländlichen Ungarn der ersten Hälfte unseres
       Jahrhunderts. (= Veröffentlichungen zur
       Volkskunde und Kulturgeschichte, 43)
       Würzburg
LIBAL, Wolfgang
1993   Das Messer ist unser Zeichen. In: Die
       Zeit, Nr. 8, 19. Februar 1993, S. 3
LÖFFELHOLZ, Martin (Hrsg.)
1993   Krieg als Medienereignis. Grundlagen und
       Perspektiven der Krisenkommunikation.
       Opladen
MacARTHUR, John R.
1993   Die Schlacht der Lügen. Wie die USA
       den Golfkrieg verkauften. (dt. Übers. der
       amerikan. Originalausgabe: Second Front.
       Censorship and Propaganda in the Gulf
       War. New York 1992) München

MEULI, *Karl*
   1946 Entstehung und Sinn der Trauersitten. In:
          Schweizerisches Archiv für Volkskunde,
          43/1946, S. 91 - 109 (Wiederabdruck in:
          Meuli, Karl: Gesammelte Schriften. Hrsg.
          von Thomas Gelzer. Basel-Stuttgart 1975,
          I, S. 333 - 351)
MOMMSEN, *Margareta (Hrsg.)*
   1992 Nationalismus in Osteuropa. Gefahrvolle
          Wege in die Demonkratie. München
NATTER, *Wolfgang*
   1983 Nachricht, Botschaft, Verheißung. Der
          (veröffentlichte) Erste Weltkrieg. In:
          Althaus, Hans-Joachim u.a. (Hrsg.): Der
          Krieg in den Köpfen. Beiträge zum Tübin-
          ger Friedenskongreß "Krieg-Kultur-Wissen-
          schaft". (= Untersuchungen des Ludwig-
          Uhland-Instituts für empirische Kulturwis-
          senschaft, 73) Tübingen, S. 141-148
ROTH, *Klaus (Hrsg.)*
   1992 Die Volkskultur Südosteuropas in der
          Moderne (= Südosteuropa-Jahrbuch, 22)
          München
SIMON, *Jutta*
   1991 "Die Wahrheit ist das erste Opfer eines
          Krieges". Kriegsschauplätze als Medien-
          ereignisse: Auswahlbibliographie. In: Rund-
          funk und Fernsehen, 2,1991, S. 276 - 280
STUBBE, *Hannes*
   1985 Formen der Trauer. Eine kulturanthropolo-
          gische Untersuchung. Berlin
VIRILIO, *Paul*
   1993 Krieg und Fernsehen. München-Wien
WAGNER, *Hans*
   1991 Medien-Tabus und Kommunikationsver-
          bote. Die manipulierte Wirklichkeit. Mün-
          chen

Die Täufer und die Bilder
Im Anschluß an Felderfahrungen bei den Hutterern in Kanada

ROLF WILHELM BREDNICH (Göttingen)

Dem Andenken an den unvergessenen Freund und Kollegen Ernő Kunt möchte ich diese Zeilen widmen, mit denen ich an eigene Felderfahrungen auf dem Gebiet der Visuellen Anthropologie anknüpfe und sie mit Erkenntnissen über die Bedeutung der Fotografien in der alten bäuerlichen Welt Europas zu verbinden suche, die ich dem Verstorbenen verdanke. Ich bin ihm verpflichtet für tiefe Einsichten in die Botschaft der Bilder in der ungarischen Volkskultur, in die Kunst, sie wissenschaftlich zu lesen und sie zusammen mit den Angehörigen des kulturellen Umkreises, aus denen sie entstammen, zu entziffern und zu deuten. Erste Bekanntschaft mit den Methoden von Ernő Kunt hat die deutschsprachige Fachwelt durch einen Aufsatz gemacht, den er vor mehr als zehn Jahren in der Zeitschrift für Volkskunde (Kunt 1984) veröffentlicht hat. Die Problemstellung dieser Studie war die zentrale Frage, wie sich die Fotografie in einer Gesellschaftsgruppe mit einer traditionellen Kultur, also im ungarischen Bauerntum, "einbürgerte" und welche Funktionen sie in dieser Kultur übernahm. "Hat die Bauernschaft das neu übernommene Kulturelement in ihre Traditionen integriert? Wie hat sie, wenn überhaupt, dessen 'Anwendung' geregelt? Wie ist die Anpassung an die herkömmliche Sachkultur der Bauernschaft vor sich gegangen? Welche Beziehung hat sich zwischen der Sache und dem Menschen hinsichtlich der Fotografie ausgebildet?" (Kunt 1984, 218).

Mit dem gleichen Fragenkatalog ausgerüstet möchte ich mich einer Gruppe von Menschen nähern, die erst sehr viel später als die ungarischen Bauern, aber dafür um so nachhaltiger und unvermittelter mit den Problemen des Medienzeitalters und damit auch der Bildkommunikation konfrontiert worden sind. Mein Augenmerk gilt - nach einer längeren Periode des Forschens über ganz andere Problemstellungen - den Täufern, bei denen ich in den Jahren 1975 - 1982 im westlichen Kanada ein größeres Feldforschungsprojekt durchgeführt habe. Mir scheint, daß sich nach einer gewissen Periode der zeitlichen und räumlichen Distanz mein Blick für die Erfahrungen und Erlebnisse im Feld eher geschärft hat und daß sich mir inzwischen mein Verhältnis zu der erforschten Bevölkerungsgruppe und den damals entstandenen Forschungsgrundlagen verändert darstellt. Auch hierfür und besonders für meine Hunderte von Aufnahmen, die während der Aufenthalte im Feld entstanden sind, gilt die Aussage von Ernő Kunt, daß "Fotografien weder kommunikationstheoretisch noch semiotisch so eindeutig sind, wie sie auf den ersten Blick zu sein scheinen" (Kunt 1984, 228). Der zweite oder dritte Blick auf das Material ist in jedem Fall stets erhellend. Wie im folgenden darzustellen sein wird, ist das Verhältnis der Täufer zum Bild derart spannungs- und problembeladen, daß es äußerst erstaunlich ist, wenn bisher außer einigen verstreuten Bemerkungen in der Literatur keine zusammenfassende Abhandlung zu diesem Problembereich vorliegt.

Zunächst bedarf es einiger grundsätzlicher Vorbemerkungen über das Verhältnis der Täufer zum Bild allgemein. Die im 16. Jahrhundert parallel zur Reformation entstehenden täuferische Bewegung steht, zumal sie sich mehr den Lehren von Zwingli und Calvin als denen von Luther zugehörig fühlt, dem Bild prinzipiell ablehnend gegenüber, weil vor allem die in dieser Zeit dominierenden Bilder religiösen Inhalts mit der katholischen Kirche und dem Papismus in Zusammenhang gebracht und verworfen wurden. Mit den von den Täufern angestrebten einfachen Lebensformen ließ sich der Verwendung von Bildern vor allem im Gottesdienst nicht vereinbaren. Der Anabaptismus ist von seinen Wurzeln her gesehen generell bilderfeindlich. Ihre biblische Begründung findet diese Einstellung allerdings erst sehr viel später im dritten mosaischen Gebot, "Du sollst dir kein Bildnis noch irgend ein Gleichnis machen, weder dessen, das oben im Himmel, noch dessen, das unten auf Erden, das im Wasser oder unter der Erde ist.

Bete sie nicht an und diene ihnen nicht" (2. Mos. 20, 4-5). Das Verbot, Bilder herzustellen und sie anzubeten, wird im Alten Testament an verschiedenen weiteren Stellen bekräftigt: vgl. 3. Mos. 26, 1; 5. Mos. 4, 16; 5, 8; 27, 15; Ps. 97, 7. In ihrem auch sonst durchgehend zu beobachtenden wörtlichen Verständnis und Ernstnehmen des Alten und Neuen Testaments haben die unterschiedlichen Täufergruppen aus diesen Vorschriften den Schluß abgeleitet, daß sowohl aus ihrem religiösen als auch dem familiären Leben das Bild in jeglicher Form ausgeklammert bleiben sollte.

Allerdings wird dieser Grundsatz von den verschiedenen Denominationen heute ganz unterschiedlich gehandhabt. Am frühesten haben sich die niederländischen *Mennoniten*gemeinden bereits im 17. Jahrhundert im privaten Bereich von der Ikonophobie der Gründer befreit: Unter ihnen gab es anerkannte Porträtmaler, und andererseits haben sich wohlhabende Mennoniten auch gerne porträtieren lassen (Menn. Encycloped.. I, 165f.). Es scheint, als habe sich im Laufe der mennonitischen Wanderungsbewegung nach Westpreußen im 17.Jahrhundert vorübergehend wieder eine etwas rigorosere Haltung gegenüber dem profanen Bild als Wandschmuck durchgesetzt. Nur so ist es denkbar, daß der mennonitische Porträtmaler Enoch Seemann Sr. 1697 in Danzig von dem Kirchenältesten Georg Hansen mit dem Bann belegt und daraus erst mit dem Versprechen gelöst wurde, künftig nur noch Landschaften und Stilleben zu malen (See-mann 1697). Der Beruf des Kunstmalers blieb den Mennoniten im Danziger Werder bis gegen 1850 verwehrt (Menn. Encycloped. I, 167).

Die bilderfeindliche Haltung der plattdeutschen Mennoniten hängt zweifellos auch damit zusammen, daß sie vorwiegend in ländlichen Gemeinden organisiert waren und sich durch die Beachtung ihrer Tugenden der Einfachheit, Demut und Bescheidenheit von ihrer Umwelt zu differenzieren suchten. Für die aus Westpreußen weiterwandernden Mennoniten ist die Vorliebe für das einfache Leben auch an ihren Siedlungsplätzen in der Ukraine und später in Nordamerika lange erhalten geblieben. Erst im 20. Jahrhundert haben sich die Angehörigen der modernen mennonitischen Gemeinden von der Bilderfeindlichkeit ihrer Vorväter entfernt und sich mittlerweile ohne Vorbehalte den Medien Fotografie, Kino, Fernsehen und Video geöffnet. Allenfalls im Wandschmuck lassen sich bei nordamerikanischen Mennonitenfamilien noch Präferenzen für bestimmte religiöse Bildmotive erkennen (Brednich 1977b, 34-45). Konservativere Gruppen, wie sie teilweise noch im westlichen Kanada, aber vor allem in Mexiko und Paraguay ansässig sind, verbieten bis heute jeglichen Wandschmuck und lassen sich auch von Fremden nicht fotografieren.

Wir bleiben mit unseren Betrachtungen über die Rolle der Bilder bei den Täufern nunmehr in der Neuen Welt und wenden uns den in

Nordamerika ansässig gewordenen Täufergruppen zu. Bei den *Amishen*, die sich an ihren heutigen Wohnsitzen in Pennsylvania, Indiana, Iowa, Ontario und in anderen Bundesstaaten bis heute in vielen Bereichen ihrer Kultur einer Akkulturation erfolgreich widersetzt haben oder diesen Prozeß zumindest sehr genau kontrollieren, finden wir ebenfalls noch ein fast alttestamentliches Verhältnis zu den Bildern. Wandschmuck in den Wohnungen, auch solcher mit religiösen Motiven, war ursprünglich bei ihnen nicht erlaubt und ist heute allenfalls in Form von Kalendern anzutreffen. Bei der jüngeren Generation scheint das Verbot, die Wände mit Bildern zu schmücken, allerdings in allmählicher Auflösung begriffen zu sein (vgl. Niemeyer / Kraybill 1993, 106, 109). Systematische Beobachtungen dazu fehlen, die bisher vorliegenden Bilddokumentationen zum Leben der Amishen enden oft vor der Intimsphäre der Privatwohnungen, so daß Urteile über die Rolle der Bilder im heutigen Leben dieser Bevölkerungsgruppe nur schwer zu fällen sind. Die zutiefst menschliche Faszination, von sich selbst ein Bild zu besitzen, ist bei den täuferischen Gruppen in Nordamerika ungeachtet aller Verbote überall weit verbreitet. Es bleibt aber dennoch die Tatsache festzuhalten, daß beim Vordringen des Mediums Fotografie in die Privatsphäre gegen Ende des 19. Jahrhunderts die Amishen das Fotoporträt in den Katalog der verbotenen Dinge aufgenommen haben, natürlich im Hinblick auf Exodus 20, 4, aber auch im Zusammenhang mit dem ihnen außerordentlich wichtigen Gebot der Gelassenheit. Dieser von jedem Amishen angestrebten Kardinaltugend steht als Untugend der Stolz (*pride*) entgegen. Mit dem Stolz kam nach Amisher Überzeugung das Böse in die Welt, und wer ein Bild von sich machen läßt oder besitzt, unterliegt der Gefahr, daß er sich für etwas Besseres hält und dem Stolz verfällt. "Their aversion to photography is a way of suppressing pride" (Kraybill 1991, 34).

Es ist leicht vorstellbar, daß bei einem solch distanzierten Verhältnis allein schon zur Fotografie der 1994 vor der Haustür der Amishen in der Lancaster County in Pennsylvania gedrehte Film *Witness* (dt. Der einzige Zeuge) eine schwere Herausforderung für sie darstellte. Hollywood steht bei ihnen ohnehin stellvertretend für Weltlichkeit und Sünde, Gewalt und Sex. Auch die Handlung des von der Firma Paramount Pictures produzierten Films war durchaus nicht in ihrem Sinne, wenn z. B. der Filmheld Harrison Ford als Amisher verkleidet beim Besuch in einer Kleinstadt bei einer Provokation durch einen Einheimischen Prügel austeilt oder wenn der Film mit einem dramatischen *shootout* auf einer Amishen Farm endet. Das Mißtrauen gegen den Film verstärkte sich noch, als die Amishen herausfanden, daß die Hauptdarstellerin Kelly McGillis als Amishe verkleidet einige Tage in einer Amishfamilie verbracht hatte. Den Gemeindemitgliedern wurde daraufhin bei Strafe des Ausschlusses verboten, an der Entstehung des Films mitzuhelfen. Die Amishen sandten drei ihrer Bischöfe mit einem Protest zur Regierung, es kam zu Verhandlungen, in deren Rahmen die Amishen mit dem Auszug aus der Lancaster County drohten. Diese Gefahr wurde durch weitgehende Zusagen an die Adresse der Amishen abgewendet: Künftig soll ihre Gruppe nicht mehr ohne ihre ausdrückliche Zustimmung zum Gegenstand eines Films gemacht werden (Hostettler / Kraybill 1988; Kraybill 1991, 223-227; Niemeyer / Kraybill 1993, 121).

Der Film wurde zum überragenden Erfolg und spielte innerhalb der ersten sechs Wochen 37,3 Millionen $ ein. Der lokale Amish-Tourismus wuchs um 13 %. Donald Kraybill (1989, 227-234) hat mit Recht auf die seltsame Ironie der Geschichte hingewiesen: Weil sie *anders* waren, wurden die Amishen aus Europa vertrieben. Weil sie *anders* (geblieben) sind, genießen sie heute die Bewunderung der amerikanischen Gesellschaft und werden zum Ziel des Tourismus. Der erfolgreiche Film lenkt weiteres touristisches Interesse auf die Lebensräume der Täufergruppen. Obwohl der Film in Bezug auf die Darstellung des Lebens der Amish nicht authentisch, d.h. nicht bei den Amishen selbst aufgenommen wurde, erreicht er eine beeindruckende Wirklichkeitsnähe. Wohl selten ist die Gemeinschaftsleistung einer *Amish Barn Rising* so eindrucksvoll eingefangen worden wie in *Witness* (vgl. Ruth / Hostetler 1975).

Die Amishen versuchen nach wie vor, gegenüber der immer stärker werdenden Bedrohung durch die Medien ihre Bilderfeindlichkeit aufrechtzuerhalten und sich durch immer neue Dämme gegen die Einflüsse von außen abzuschotten. Ein großes Problem ist der Tourismus, der durch den Film zweifellos neue Anreize bekommen hat (Kraybill 1991, 227-234). Der Beginn reicht bereits in die 30er Jahre zurück. Heute kommen immer größere Scharen von amerikanischen (und mittlerweile auch deutschen u.a.) Touristen nach Lancaster County, um einen Blick in eine Amish farm zu erhaschen und natürlich auch Fotos zu schießen. Wenn sich die Amishen dagegen wehren, fotografiert zu werden, dann wird dafür heute nicht mehr das biblische Bilderverbot ins Feld geführt. In einer Art Rationalisierung geht es den Amishen heute eher darum, daß sie nicht von den Touristen zum Gegenstand des Exotismus im eigenen Land gemacht werden und wie in einem Freilichtmuseum als fotografische Attraktion gelten. "I just don't enjoy living in a museum or a zoo, whatever you would call it"; "They invade your privacy. They are a nuisance when I go to town, for I can't got to any public place without being confronted by tourists who ask dumb questions and take pictures" (Hostettler 1980, 310f.). Auf der anderen Seite ist nicht zu verkennen, daß die Touristenströme nicht unerhebliche Mengen an Kapital in das Gebiet einbringen und die Amishen davon teilweise nachhaltig profitieren. Das öffentliche Interesse an der Lebensweise der Amishen hat auch noch einen anderen Nebeneffekt: "Tourism has bolstered Amish self-esteem" (Kraybill 1991, 232).

Wer sich heute einen visuellen Einblick in das Leben der Amishen verschaffen will, kann auf zahlreiche Bildbände zurückgreifen, die mit oder ohne Zustimmung der betreffenden Menschen zustandegekommen sind. Aus ihnen konnten letzten Endes auch die Filmemacher von Paramount Pictures genaue Details für die Gestaltung von *Witness* entnehmen. Die Authentizität der Dokumente ist besonders dann gewährleistet, wenn die Fotografen lange bei der in Frage stehenden Gruppe gelebt haben und die Dokumentation mit ausdrücklicher Billigung der Fotografierten erfolgte. Dies ist beispielsweise bei Lucian Niemeyer (Niemeyer / Kraybill 1993) der Fall, dessen Fotos zu den besten gehören, die von den Amishen existieren. Einen anderen Weg, das Fotografierverbot zu umgehen, wählte das Ehepaar Bachmann-Geiser bei seinem Feldaufenthalt unter den Amishen in Berne, Indiana: Der künstlerisch begabte Ehemann verlegte sich aufs Zeichnen und stattete das gemeinsame Buch mit Zeichnungen und Aquarellen zum Alltag der Amishen aus (Bachmann-Geiser 1988).

Die *Hutterer*, zu denen ich jetzt übergehe, interessierten mich als Bevölkerungsgruppe deutscher Herkunft Mitte der 70er Jahre im Rahmen meines Projektes Saskatchewan (Brednich

1977a) vor allem wegen ihres archaischen Gemeinschaftslebens, ihrer seit 450 Jahren erfolgreich praktizierten Gütergemeinschaft und ihres kontinuierlich über sehr lange Zeiträume tradierten kulturellen Besitzes. Als faszinierend erwiesen sich der Zusammenhang der hutterischen Kultur mit seinen alpenländischen Wurzeln in der frühen Neuzeit (Brednich 1981a) und das osteuropäische Erbe, das vor allem in Sprache und Eßgewohnheiten bewahrt geblieben ist (Brednich 1981b). Für den Volksliedforscher wurde besonders die Begegnung mit dem hutterischen Gemeinde- und Familiengesang zu einem einzigartigen Erlebnis (Brednich 1981c). So erwies es sich z.B., daß in den hutterischen Märtyrerballaden frühneuzeitliche deutsche Zeitungslieder weiterlebten oder daß aus ihnen 450 Jahre alte Balladenweisen rekonstruiert werden konnten (Brednich 1982). Eine ähnlich große Rolle wie das tägliche Singen spielt bei den Hutterern bis heute das alltägliche Erzählen, so daß bei den Feldaufenthalten auch viele Erzählsituationen erlebt und dokumentiert wurden, bei denen die ausgeprägte Erzählerbegabung vieler Männer und Frauen zum Vorschein kam (Brednich 1981d).

Dem Lied- und Erzählforscher bietet die hutterische Kultur in Nordamerika deshalb so viele Möglichkeiten der Entfaltung, weil sich bei dieser Menschengruppe in der Abgeschiedenheit der Prärien des westlichen Nordamerikas eine fast rein mündliche Kulturstufe bewahrt hat, in der insbesondere die modernen westlichen Massenmedien bis an die Schwelle der Gegenwart keine tiefgreifenden Wirkungen entfalten konnten, weil sie gemäß der strengen hutterischen Gemeindeordnung aus dem Lebensvollzug dieser Menschen ausgeblendet geblieben sind. Aus diesen Gründen erklären sich auch die Präferenzen des Volksdichtungsforschers bei seinen Aufenthalten auf verschiedenen hutterischen Bruderhöfen. Allerdings bedurfte es zur Aufzeichnung der Gesänge einer technischen Apparatur, und hier kam es bei meinem zweiten Aufenthalt im Juli - November 1977 zu einer ersten Konfrontation zwischen den Regeln des hutterischen Gemeindelebens und den Wünschen des Forschers. Zu meiner vom National Museum of Man in Ottawa bereitgestellten apparativen Ausstattung gehörte u.a. ein Uher Report Tonbandgerät, mit dessen Hilfe ich nach einigen Wochen des Einlebens und Mitarbeitens im Bruderhof Ereignisse wie Familiensingen oder Erzählabende aufzeichnen wollte. Ebenso wie andere täuferische Gruppen in Amerika lehnen auch die Hutterer Unterhaltungselektronik in ihren Siedlungen strikt ab und dulden weder Radio noch Kassettenrecorder, von Fernsehern oder Videorecordern ganz zu schweigen. Mit einem Tonbandgerät lassen sich gemäß der hutterischen Philosophie nicht nur Gesänge aufzeichnen, sondern auch wiedergeben, ja sie eignen sich auch für die Wiedergabe von Musik und Gesang jeglicher Art, so daß von diesem Gerät eine unverkennbare Gefahr ausgeht. Auf der anderen Seite war jedoch durch meine Eigenschaft als Volksliedforscher und durch den Forschungsauftrag des National Museum of Man zur wissenschaftlichen Dokumentation der hutterischen Singpraxis die Verwendung eines Tonbandgerätes legitimiert, und ich durfte es auf allen besuchten Kolonien ohne Einschränkung einsetzen, zumal sich die Prediger sehr schnell davon überzeugen konnten, daß auf meinen Bändern nur hutterische Weisen aufgezeichnet und keine englischen (d.h. fremden) Lieder eingeschmuggelt wurden. Mit der Zeit fanden besonders die hutterischen Kinder großen Gefallen daran, sich vom Tonband sprechen oder singen zu hören, und ein nicht enden wollender Spaß bestand schließlich darin, manche Aufnahmen mit veränderter Geschwindigkeit oder rückwärts abzuspielen. Auf diesem Gebiet meiner wissenschaftlichen Dokumentationsarbeit war also nach anfänglichem Zögern bald ein Konsens gefunden, die Hutterer sahen die wissenschaftliche Bedeutung der Aufnahmetätigkeit ein und unterstützen mich bei meinem Sommeraufenthalt des Jahres 1979 nach Kräften bei dem Plan einer vollständigen Erfassung aller auf den Kolonien der Dariusleute gebräuchlichen Weisen. Die 278 Melodien, in der Mehrzahl von den Geschwistern Rachel und Susanna Stahl auf der Riverview Colony bei Saskatoon auf Band gesungen, sind heute Bestandteil des Tonarchivs im Deutschen Volksliedarchiv Freiburg, und ich zähle sie zu den wichtigsten Aufnahmen, die ich in meinem Leben gemacht habe.

Ganz andere Probleme stellten sich jedoch bei der fotografischen Dokumentation, die nunmehr in den Mittelpunkt der Betrachtung rücken soll. In der Rangfolge der täuferischen Gemeinden sind die hutterischen Brüder zweifellos die Gruppe mit den ältesten Traditionen, die sich vielfach in direkter Linie auf das Reformationsjahrhundert zurückführen lassen. Auch bezüglich Glaubensfestigkeit und -strenge gelten sie vielfach als diejenigen, die dem täuferischen Erbe am nächsten stehen. In Bezug auf ihr Verhältnis zum Bild war daher bei ihnen ursprünglich auch die strikteste Bilderfeindlichkeit vorherrschend. Allerdings sind auf diesem Gebiet die im 20. Jahrhundert eingetretenen Wandlungs- und Anpassungsprozesse ebenfalls inzwischen vorangeschritten. Von der rigorosen Verdammung jeglicher Bilder wissen heute nur noch die Alten in den Kolonien zu erzählen. So lehnten die Hutterer bei Einführung der schriftlichen Fahrerlaubnis (*driver's licence*) in den 30er Jahren für ihre Mitglieder die Anfertigung von Paßbildern für diesen Zweck ab, und die Schmiedeleute in der kanadischen Provinz Alberta hatten bis vor wenigen Jahren das Vorrecht, daß sie Führerscheine ohne Paßbild besitzen durften (neue Daten hierzu fehlen mir). Bis nach dem Zweiten Weltkrieg achteten die Prediger und deutschen Schullehrer streng darauf, daß das Unterrichtsmaterial für die englische Schule keine Bilder

---

enthielt, und wo solche vorhanden waren, wurden sie überklebt. Ich habe solche zensierten älteren Lesebücher auf vielen Kolonien in der Hand gehabt. Die Lehrbücher für den deutschen Schulunterricht sind großteils bis heute ohne Bildschmuck (vgl. die Aufzählung bei Gross 1965, 65).

Allerdings ist die Unterdrückung alles Visuellen in der heutigen Zeit längst nicht mehr in der ursprünglichen Strenge aufrechtzuerhalten. John A. Hostetler, einer der besten Kenner der hutterischen Kultur, hat bei seinen Untersuchungen in den 70er Jahren in den Truhen mancher Mädchen Fotografien vorgefunden, die ihnen von Besuchern oder Bekannten von draußen zugesteckt worden waren (Hostetler 1977, 198). Ein kanadischer Pädagoge, der durch eine kleine Buchpublikation zum Abbau der gegenüber den Hutterern bestehenden Vorurteile beitragen wollte, hat im gleichen Zeitraum festgestellt, daß das von Predigern auf ihren Kolonien ausgesprochene Fotografierverbot nur noch augenzwinkernd beachtet wurde: "The question of photographs illustrates the kind of dilemma most colony ministers often experience. 'Hey you! What are you doing? No pictures of the women!' shouted Eli Walter, minister of Spring Creek Colony in Montana, to professional photographer William Albert Allard when he found him in the community kitchen photographing the women canning strawberries. 'You know it is forbidden for us to be photographed'.

However, though his voice was stern, there was a laughter in his eyes. A minister ecpects outsiders to ask him for permission to take pictures, but he worries that other colonies, or even his own council of elders, will cause a fuss over such laxity. He is also concerned that the young will be tempted by the cameras and other signs of affluence of visitors, or become enraptured by the attention given them by subject-hungry photographers. In their desire to prevent conceit and self-indulgence, some colonies tolerate photographs only if they are put away in the hope chest of personal belongings that every Hutterite is given at the age of fifteen - but even then they are warned against admiring their own likeness" (Flint 1975, 22).

Mit diesem Zitat ist etwa die Situation umrissen, die ich zu Beginn meiner Feldforschungen in Saskatchewan/ Kanada im Jahre 1975 vorfand. Die folgenden Ausführungen beziehen sich auf drei jeweils mehrmonatige Aufenthalte bei den Hutterern in den Jahren 1977, 1979 und 1982 und vor allem die Dariusleut-Bruderhöfe Riverview Colony bei Saskatoon, Leask Colony bei Leask und Hillcrest Colony bei Dundurn, Sask. Während meiner Feldforschungen bei den Mennonitengemeinden im Saskatchewan Valley im Jahre 1975 (vgl. Brednich 1977b) hatte ich erste Kontakte mit diesen Bruderhöfen aufgenommen und den späteren Besuch vorbereitet. Ich habe bei den Aufenthalten die großartige Gastfreundschaft der Hutterer genossen und wurde bei meinem wissenschaftlichen Anliegen auf jede erdenkliche Weise unterstützt. Ich habe meinerseits alles getan, um auf die Dauer nicht als Fremder unter ihnen zu erscheinen: Durch Anlegen ihrer Kleidung, Annahme der vorgeschriebenen Barttracht, Erlernen ihrer Sprache, vorbehaltlose Teilnahme an ihrem gesamten religiösen Leben und Integration in alle erdenklichen Arbeitsprozesse habe ich die Voraussetzungen für erfolgreiche Forschungsarbeit geschaffen und meinen Gastgebern immer das Gefühl vermittelt, daß ich mich bei ihnen zu Hause fühle und die Art ihrer Lebensführung für mich voll akzeptiere.

Die Bitte, in meine Dokumentationsarbeit auch die Fotografie einschließen zu dürfen, habe ich wohlweislich nicht am ersten Tag geäußert, sondern einige Wochen verstreichen lassen. Als meinem ersten Gastgeber, dem Prediger der Riverview Colony klar wurde, daß sich in meinem Gepäck auch eine Kameraausrüstung befand, erlaubte er mir zunächst nur die Ablichtung der Gebäude auf dem Bruderhof. Als nach einiger Zeit die ersten Ergebnisse aus der Entwicklungsanstalt vorlagen, war er begeistert, denn aus diesem Blickwinkel hatte er "seine" Kolonie mit ihren zahlreichen Einrichtungen noch nie gesehen. Ich machte ihm aber zugleich klar, daß die Farmgebäude ohne Menschen der Außenwelt den Eindruck von Unbelebtheit und Öde vermitteln mußten. Inzwischen hatte ich über den Bookshop der University of Saskatchewan in Saskatoon auch einige neue Bücher über die Hutterer erworben, die mit Fotoporträts von Hutterern ausgestattet waren, darunter sogar die Schrift eines hutterischen Predigers (Gross 1965). Daraufhin erhielt ich im Herbst 1977 die Genehmigung, auch Personen mit aufs Bild zu nehmen, mit der Beschränkung auf natürliche Arbeitssituationen, bei denen die Dargestellten nicht für die Kamera posierten. An seine Gemeindemitglieder erging die Aufforderung: "Don't pose for pictures". Von dieser Genehmigung habe ich reichlich Gebrauch gemacht und für das National Museum of Man in Ottawa eine umfassende Fotodokumentation der gesamten materiellen Kultur und des landwirtschaftlichen und handwerklichen Arbeitslebens auf einem hutterischen Bruderhof angefertigt (s. Abb. 1 - 3). Mit wachsender Vertrautheit mit den Gastfamilien waren schließlich auch Aufnahmen im Wohnbereich und sogar von Porträts kein Tabu mehr. Auch auf den anderen besuchten Bruderhöfen habe die Prediger diese Arbeiten später unterstützt, aber stets auch kontrolliert und die Ergebnisse gutgeheißen. An allen Orten blieben die Gottesdienste und das gemeinschaftliche Essen von der Fotodokumentation ausgeschlossen. Zu den fotografischen Höhepunkten zählten zweifellos zwei Hochzeiten in Riverview und Leask, die ich dokumentieren durfte. Der "Rolf Vettr" mit der Kamera begegnete auf den Höfen bald keinerlei Scheu mehr, im Gegenteil: er wurde zu "besonderen" Ereignissen herbeigeholt, z.B. wenn ein neues landwirtschaftliches Gerät geliefert wurde, eine Stute ein Fohlen gebar oder ein Trecker sich im Schlamm festgefahren hatte. Auf der Leask Colony dokumentierte ich im Herbst 1977 mit Einverständnis der englischen Lehrerin den Schulunterricht in der einklassigen Schule. Die Lehrerin behandelte daraufhin in einer kleinen Unterrichtseinheit das Thema Fotografie. Am Ende wurden aus Plastillin eigene Kameras hergestellt. Eines Morgens erschien die ganze Schulklasse vor dem Gebäude, in dem ich gerade arbeitete (Abb. 4), ich wurde herausgerufen, und eines der Mädchen mußte mich fotografieren. Ich habe die "Fotografin" wenig später ebenfalls im Bild festgehalten (Abb. 5). Der in dieser Szene zum Ausdruck kommende Symbolgehalt ist beträchtlich und kennzeichnet die Akzeptanz des Mediums Fotografie durch die Gruppe. Selbstverständlich haben später alle Fotografierten einen Teil der Aufnahmen erhalten; die Fotos sind in die *hope chest* oder ins private Fotoalbum gewandert, aufstellen darf man bei den Hutterern Fotos nach wie vor nicht. Und an ihren Wänden hängen wie bei den Amishen bis heute lediglich Kalender und biblische Sprüche hinter Glas.

Während meines zweiten längeren Aufenthaltes auf der Riverview Colony im Sommer und Herbst des Jahres 1979 wagte ich ein Experiment. Ich hatte damals mit Michael Taft einen Folkloristen von der University of Saskatchewan als Gast auf den Bruderhof eingeladen, und wir hatten beim Besuch des nahegelegenen Schul-

zentrums mit Medienverleih in Aberdeen festgestellt, daß dort zwei Filme über die Hutterer
verfügbar waren. Auf Riverview war nie zuvor
ein Film gezeigt worden, und den Mitgliedern
des Hofes war es offiziell noch immer verboten,
beim Besuch in Saskatoon oder bei Nachbarn
Fernsehsendungen zu sehen, aber natürlich besaß
jedes Koloniemitglied von Kindesbeinen an
mehr oder weniger intensive Erfahrungen auf
diesem Gebiet.

Der Prediger stand der Idee einer Filmprä-
sentation auf seinem Bruderhof keineswegs ablehnend gegenüber und wurde dabei auch von
seinem zweiten Prediger unterstützt, der sich bereit erklärte, Filme und Projektoren abzuholen
und die Vorführung im *common dining room* zu
organisieren. Der geringe Widerstand erklärt
sich aus der Tatsache, daß man auf Riverview
zumindest von dem ersten der beiden Filme
schon sehr viel gehört hatte. Es handelte sich
um den Film "The Hutterites", ein 23-Minuten-
Filmdokument, welches unter der wissenschaftlichen Verantwortung John A. Hostetlers (Edmon-
ton) vom National Film Board of Canada unter
der Regie von Colin Low im Jahre 1963 auf
einem Bruderhof in Alberta gedreht worden
war. Der Vorgang hatte damals unter den hutterischen Gemeinden für viel Aufsehen gesorgt.
Der betreffende Hof bekam nach Abschluß der
Filmarbeiten große Schwierigkeiten mit der Predigerkonferenz, und der Film durfte weder dort
noch auf anderen Kolonien gezeigt werden. Dabei bestand die erklärte Absicht des Filmkon-
zeptes darin, bei der Außenwelt ein besseres

Verständnis für die Lebensweise der Hutterer herbeizuführen und die bei der kanadischen Bevölkerung bestehenden Vorurteile abzubauen. Der von John A. Hostetler gemeinsam mit Gertrud E. Huntington verfaßte Bericht über die Verwirklichung dieses Filmprojekts ist ein spannendes Kapitel über Feldforschung unter schwierigsten äußeren Voraussetzungen (Hostetler / Huntington 1970).

Zur Zeit meiner eigenen Feldforschungen war der Wirbel um den Film längst abgeklungen. Der Film hatte als Unterrichtsfilm längst den erwünschten Beitrag zum Verstehensprozeß geleistet und war inzwischen auch mehrfach im kanadischen Fernsehen gezeigt worden. Von dort war das Wissen um die Existenz des Filmes erneut in die verschiedenen Kolonien gedrungen, und die Reaktionen waren jetzt sehr viel positiver (Georges / Jones 1980, 96), zumal bei den Dariusleut-Kolonien, auf die sich das Filmdokument bezog. So erweis es sich letzten Endes auch nicht mehr als allzu schwierig, die Erlaubnis zur Vorführung des Filmes zu erwirken. Der Abend wurde zu einem vollen Erfolg, die Kolonie war bis auf die Kleinkinder so gut wie vollzählig versammelt, und die Menschen auf Riverview genossen es sichtlich, zum ersten Mal in ihrem Leben einer Filmvorführung beizuwohnen, in der es sozusagen um sie selbst ging. Sie erkannten viele der Akteure des Films und konnten sich mit allen gezeigten Szenen ohne Probleme identifizieren. Den Zuschauern entging auch nicht, daß der Stand der Technisierung auf der gezeigten Kolonie nicht mehr dem Standard entsprach. Kein Wunder, denn der Film war eineinhalb Jahrzehnte vorher gedreht worden! Die Anteilnahme an den Bildern war verständlicherweise so groß, daß der Film zweimal gezeigt werden mußte.

Für den darauffolgenden Herbstabend wurde die Vorführung des zweiten Filmes vereinbart. Es handelte sich um einen 15minütigen Fernsehfilm mit dem Titel "Hutterites", der kurze Zeit zuvor in der Fairholm Colony der Schmiedeleute in Manitoba aufgenommen worden war. Die Unterschiede zu den konservativen Dariusleuten erwiesen sich im Film als beträchtlich: In der englischen Schule unterrichtet eine hutterische Lehrerin, die über eine Collegeausbildung verfügt. Die Frauen und Mädchen auf dieser Kolonie tragen kürzere Röcke, kaum noch Kopftücher über der Haube, sie haben kurze, nicht mehr hutterisch "gezopfte" Haare, man sieht Männer in Blue Jeans ohne Hosenträger, sie gehen auch schon einmal ohne Janker zum Gebet, in den Häusern hängen bunte Bilder an den Wänden, alles wirkt heiter, freundlich und liebenswürdig. Man erfährt, daß es den weiblichen Koloniemitgliedern erlaubt ist, beim Einkaufen in der Stadt "englische" Kleider zu tragen, um nicht zu sehr aufzufallen. Es ist leicht einzusehen, daß dieser zweite Film eine sehr zwiespältige Aufnahme fand: Bei den zum konservativen Denken erzogenen Zultbrüdern (Funktionsträgern) einschließlich des Predigers stieß er auf offene Ablehnung, dafür waren ausnahmslos alle Jungen von diesem "Geist von Fairholm" restlos begeistert. Um die Emotionen nicht noch weiter anzuheizen, wurde in diesem Falle auf eine Wiederholung der Vorführung verzichtet, was nicht verhindern konnte, daß er für mehrere Wochen das zentrale Gesprächsthema auf River-view abgab. Die Älteren waren übereinstimmend der Meinung, die Fairholm Colony und darüber hinaus die Schmiedeleute in Manitoba seien "am Ende". Der Blick über den Zaun der eigenen "Leit" hatte besonders bei den Jungen auf einen Schlag Begehrlichkeiten geweckt, indem der Film zeigte, daß nicht alle Hutterer in ihrer Lebensgestaltung gleichen Zwängen, gleichen *dos and don'ts* unterliegen. Wenn ich heute nochmals zu entscheiden hätte, würde ich auf die Vorführung dieses problematischen Films verzichten. Aber im Grunde bewirkte der Streifen nur eine verstärkte und konzentrierte Information über Vorgänge im eigenen Lager, die aufgrund des ausgeprägten mündlichen Kommunikationssystems der Hutterer auf Dauer gesehen auch ohne den Film ihren Weg nach Riverview gefunden hätten. Und außerdem sind diese Neuerungen unbedeutend im Vergleich mit den liberalisierten Formen des Zusammenlebens, wie sie die sog. Neuhutterer auf ihren amerikanischen Bruderhöfen entwickelt haben (Eggers 1985) und von denen jedermann auf Riverview ebenfalls auf mündlichem Wege Kenntnis erhalten hat. Das Beispiel zeigt allerdings, daß die bewegten Bilder eines modernen Mediums mehr bewirken und einen unvergleichlich stärkeren Eindruck hinterlassen als Erzählungen und Berichte.

Bei meinem letzten, kürzeren Feldaufenthalt im Sommer 1982 auf Riverview hatte ich vom ersten Tag an den unbestimmten Eindruck, daß sich gegenüber früher etwas verändert hatte. Gewiß, ich war willkommen wie immer, wurde herzlich begrüßt und herumgereicht und sofort wieder als Vertrauter empfunden, wozu der Umstand beitrug, daß ich mich bereits im Flughafen von Saskatoon als Hutterer umgekleidet hatte und wie einer der Ihren durch das *gate* schritt. Aber nur zu bald wurde klar, was für die atmosphärische Trübung verantwortlich war: Michael Holzachs neuerschienenes Buch *Das vergessene Volk* (Holzach 1980 / 82). Bereits bei meinem vorangegangenen Aufenthalt war von der Wilson Colony aus Alberta die Nachricht herübergedrungen, ein "Deitschländer" sei dort zu Gast und wolle ein "Biechel" über die Hutterer schreiben. Nun war es seit zwei Jahren erschienen, aber die Erregung darüber war auch in Riverview noch nicht abgeklungen. Ich hatte die Originalausgabe in meinem Gepäck, und da "meine" Hutterer das Buch nur vom Hörensagen kannten, machte es von Stund an von Haus zu Haus die Runde. Es wurde nicht eigentlich gelesen, denn die Hutterer haben mit hochdeutschen, in lateinischer Sprache gedruckten Texten große Schwierigkeiten, da sie es gewohnt sind, deutsche Texte ausschließlich in Fraktur zu lesen. Es waren auch weniger die Texte des Journalisten Holzach (z.B. "Karneval des auserwählten Volkes"), die interessierten, sondern die Farbfotografien, mit denen das Buch ausgestattet war, darunter auch eine Szene, die Buben und

Mädchen vor einer *klane Schul* beim gemeinsamen Pinkeln zeigt (vgl. die Wiedergabe im *Zeit magazin* Nr.11, 7.März 1980, 19). Die Situation ist nach meiner Erfahrung für das hutterische Kinderleben eher untypisch, auf jeden Fall hätte ich es mir nicht im Traum einfallen lassen, damit eine Publikation zu illustrieren.

Die Fotoaufnahmen gehen auf den deutschen Bildjournalisten Timm Rautert zurück, der Michael Holzach zweimal im kanadischen Westen besucht hat. Sie gehören zweifellos zu den besten Fotos, die je bei den Hutterern gemacht worden sind, aber sie haben den entscheidenden Nachteil, daß eben mit jenem erwähnten Foto aus der Sicht der Hutterer ein Tabu gebrochen wurde. Der fotografisch durchaus gelungene und eher singuläre *shot* hätte allenfalls in eine psychologische Abhandlung über Penisneid gepaßt, nicht aber in ein populäres Buch über die als überaus sittenstreng und kamerascheu geltenden kanadischen Hutterer. Hier wie in manchen Passagen des Textes hat ganz offensichtlich der Sensationsjournalismus über die Seriosität der Reportage dominiert. Die Hutterer haben Michael Holzach diesen *faux pas* bei aller Liebe zu seiner Person und zu seinem von tiefem Verständnis geprägten Bericht über seinen Aufenthalt nicht verziehen. In der Predigerkonferenz der Dariusleute ist die gastgebende Kolonie deshalb zur Rechenschaft gezogen worden, und es wurde der für die künftige Forschung folgenreiche und schwerwiegende Beschluß gefaßt, in Zukunft keine längerfristige Erforschung ihrer Kultur durch ausländische Besucher mehr zuzulassen. Auf mich selbst traf dieses Verdikt natürlich nicht zu, zumal ich meine Publikationen vorher stets mit dem Prediger abgestimmt hatte. Wie strikt dieses Verbot seit meinem letzten Aufenthalt gehandhabt wurde, entzieht sich meiner Kenntnis, aber deutlich ist auch, was unter Umständen durch ein einziges Foto bewirkt werden und wieviel Porzellan bei mangelndem Einfühlungsvermögen zerschlagen werden kann. Da half es auch nichts mehr, daß Michael Holzach das allgemeinen Anstoß erregende "Pinkelfoto" für die zwei Jahre später erschienene Taschenbuchausgabe nicht mehr verwendet hat.

Die Zeit, die angeblich viele Wunden heilt, hat auch über dieses *T'schichtl* wieder Gras wachsen lassen. Unvergessen sind mir bis heute die Erfahrungen, die ich in der so ganz anders gearteten Welt der Hutterer machen konnte. Meine größtenteils unveröffentlichte Fotosammlung habe ich mir für diesen Aufsatz wieder zur Hand genommen, sie sind zusammen mit meinen Tonaufnahmen und Feldtagebüchern sicher nur ein schwacher Abglanz dessen, was mein Leben geprägt hat wie keine andere Periode davor oder danach. Aber ich fühle mich nach den langen Jahren in meinem Tun durch einen Satz Ernő Kunts bestätigt, der einmal geschrieben hat, daß der Informationsgehalt der im Gelände gewonnen Fotos auch davon abhängt, bis zu welchem Grad es dem Forscher gelingt, "sich mit der zu untersuchenden Kultur zu identifizieren, sich in sie hineinzufühlen" (Kunt 1986, 14). Ich glaube, dies habe ich in den sieben

Jahren in Kanada gelernt, und ich zehre bis heute davon.

Literatur

BACHMANN-GEISER, *Brigitte und Eugen*
1988 Amische. Die Lebensweise der Amischen in Berne, Indiana. Bern
BREDNICH, *Rolf Wilhelm*
1977a Projekt Saskatchewan. Neue Aufgaben und Methoden volkskundlicher Empirie. In: Zeitschrift für Volkskunde 73. 24-41.
1977b Mennonite Folklore and Folklife. A Preliminary Report. Ottawa (National Museum of Man Mercury Series, 22).
1981a Die Hutterer - ein Stück alpenländischer Kultur in der Neuen Welt. In: Österreichische Zeitschrift für Volkskunde 84. 141-153.
1981b (gemeinsam mit Jürgen Dittmar) Osteuropäisches Erbe in der Volkskultur der Hutterer in Nordamerika. In: Jahrbuch für ostdeutsche Volkskunde 24. 194-219.
1981c Beharrung und Wandel im Liedgut der hutterischen Brüder. Ein Beitrag zur empirischen Hymnologie. In: Jahrbuch für Volksliedforschung 26. 44-60.
1981d Hutterische Volkserzählungen. In: German-Canadian Yearbook 6 199-224.
1982 Erziehung durch Gesang. Zur Funktion von Zeitungsliedern bei den Hutterern. In: Jahrbuch für Volksliedforschung 27/28. 109-133.
EGGERS, *Ulrich*
1985 Gemeinschaft - lebenslänglich. Deutsche Hutterer in den USA. Witten

FLINT, David
1975 The Hutterites. A Study in Prejudice. To-
ronto
GEORGES, Robert A. - JONES, Michael O.
1980 People Studying People. The Human Ele-
ment in Fieldwork. Berkeley - Los Ange-
les - London
GROSS, Paul S.
1965 The Hutterite Way. The Inside Story of
the Life, Customs, Religion and* Traditions
of the Hutterites. Saskatoon
HOLZACH, Michael
1982 Das vergessene Volk. Ein Jahr bei den
deutschen Hutterern in Kanada. Hamburg
1980. Taschenbuchausgabe München . Vgl.
meine Rezension in German-Canadian Yearbook 6 (1981) 278-280.
HOSTETLER, John A. - HUNTINGTON, Gertrude
Enders
1970 The Hutterites: Fieldwork in a North
American Communal Society. In: Georg
D. Spindler (Hg.): Being an An-
thropologist: Fieldwork in Eleven Cultures.
New York, 200-217.
HOSTETLER, John A.
1977 Hutterite Society. Baltimore, Md. - London
1980 Amish Society. Baltimore, Md. [3]
HOSTETLER, John A. - KRAYBILL, Donald B.
1988 Hollywood Markets the Amish. In: John
Katz and Jay Ruby (Hgg.): Image Ethics:
The Moral Rights of Subjects in Photo-
graphy, Film and Television. New York
KRAYBILL, Donald B.
1991 The Riddle of Amish Culture. Baltimore /
London [5]

KUNT, Ernő
  1984 Lichtbilder und Bauern. Ein Beitrag zu einer visuellen Anthropologie. In: Zeitschrift für Volkskunde 80. 216-228.
  1986 Fotografie und Kulturforschung. In: Fotogeschichte 6:21. 13-31.
LÄNGIN, Bernd G.
  1986 Die Hutterer. Gefangene der Vergangenheit, Pilger der Gegenwart, Propheten der Zukunft. Hamburg - Zürich
NIEMEYER, Lucian (photographs); KRAYBILL, Donald B. (text)
  1993 Old Order Amish. Their Enduring Way of Life. Baltimore - London
RUTH, J. L. - HOSTETLER, John A.
  1975 The Amish - A People of Preservation. 16 mm-Film. Philadelphia, Heritage Productions, Inc., . IWF Göttingen Nr. W 1909.
SEEMANN, Enoch
  1697 Offenbahrung und Bestraffung des Gergen Hanszens Thorheit. Stoltzenberg

Abb. 1 *Der Feldforscher und Verfasser dieses Aufsatzes, fotografiert von dem Hutterer Michael Tschetter ("Big Mike"), 28. September 1982 auf der Riverview Colony, Sutherland, Sask. am "Schlachthaisel", im Hintergrund der Trog zum Seifekochen mit einem Stück fertiger Seife.*

Abb. 2 *Der Kontext, in welchem Abb. 1 aufgenommen wurde: Frauen der Kolonie sind damit beschäftigt, die beim Saftnkochen tags zuvor selbst hergestellte und anschließend zerschnittene Seife zu wiegen und portionsweise auf die einzelnen Haushaltungen zu verteilen. Die Männer haben mit diesem Vorgang nichts zu tun und sind nur Zuschauer. Daher blieb die Zeit für ein Foto des "teilnehmenden Beobachters" aus Deutschland.*

Abb. 3 "
Die russische Dreschmaschine." Leask Colony.
Sask. 11. Oktober 1977. Eine Situation, die für die Hutterer
nichts Außergewöhnliches darstellt, weil sie jedes Jahr im
Herbst beobachtet werden kann. Für den Feldforscher, der
zufällig vorbeikommt und die Szene unbeachtet fotografieren
kann, ist das Bild dennoch eine kleine Besonderheit. Es steht
für das Ende der Sonnenblumenernte. Die Kerne sind auf die
einzelnen Wohnungen verteilt. Rebecca Gross und Justina
Wollmann sind damit beschäftigt, mit Unterstützung durch
kräftigen Westwind die tauben Kerne von den vollen zu trennen.
Die Kerne werden anschließend in Säcke verpackt. Einzelne
Portionen werden von Zeit zu Zeit zu Hause geröstet und zum
Knabbern ständig in den Taschen der Kleidung herumgetragen.
Das Knabbern von Sonnenblumenkernen kann man auf den
Bruderhöfen tagaus tagein beobachten.
Es gilt als osteuropäisches Erbe der Hutterer.

Abb. 4 *Leask Colony, 14. Oktober 1977. Die englische Lehrerin hat aufgrund meiner vorausgegangenen Fotodokumentation des englischen Unterrichts spontan das Thema "Fotografie" behandelt und von den Kindern Kameras aus Plastillin basteln lassen. Anschließend wandert sie (Zweite von links) mit den Schulkindern vom Schulgebäude zu meiner Arbeitsstelle im Pferdestall, um mich durch eine Schülerin "fotografieren" zu lassen. Die Kinder schauen teils scheu, teils freudig erregt diesem Vorgang zu.*

Abb. 5

Wenig später habe ich meinerseits die "Fotografin" für meine Sammlung festgehalten.

Darstellungen von Pflügen aus dem frühen 19. Jahrhundert - Luxemburg, Eifel und Ardennen

KLAUS FRECKMANN (Sobernheim)

Ein besonderes Anliegen von Ernő Kunts "Bildkunde - Volkskunde" ist es vor allem, historische Bild-Dokumente aufzuspüren und sie als ethnographische oder volkskundliche Quellen auszuschöpfen. In vielen Fällen zieht bekanntlich die Ergologie wichtige Erkenntnisse aus derartigen Recherchen, die sich mit Hilfe musealer und in-situ-Bestände an Handwerksgeräten verifizieren lassen. Die Erforschung der Pflüge hat auf solche Weise wertvolle Hinweise erhalten. Sie basieren in Mittel- und Südeuropa zum Teil auf Befragungen, welche die napoleonische Verwaltung in den ersten beiden Jahrzehnten des 19. Jahrhunderts in ihrem gesamten Zuständigkeitsbereich anstellte. Für mehrere mittel- und südfranzösische Regionen sind diese Bild- und Schriftquellen bereits ausgewertet worden. Für das Rheinland und die Pfalz existiert anhand der Unterlagen in den "Archives Nationales" zu Paris ebenfalls eine solche Untersuchung[1]. Ihre Aussagen lassen sich mit Hilfe eines analogen, in den Luxemburger "Archives de l'Etat" aufgehobenen und bisher nur marginal ausgewerteten Aktenbestandes erweitern. Damit vergrößert sich die geographische Grundlage des rheinischen Materiales um Pflug-Darstellungen des "Départements des Foręts" (Wälder-Departement). Sein Administratitionszentrum war die Stadt Luxemburg. Als deutschsprachiger Landstrich gehörte zu diesem Departement die südwestliche Eifel mit Bitburg als Kantonssitz. Den Angaben und Zeichnungen dieses Gebietes lassen sich solche von Diekirch - an der luxemburgischen Gutland-Oesling-Grenze - und von Virton und Neufchâteau im Westen gegenüberstellen, einst ebenfalls im "Département des Forêts" gelegen und seit 1839 belgisch (Province Luxembourg)[2]. Da diese Regionen bis zum Untergang des Alten Reiches (1795) Bestand der Habsburgischen Niederlande waren, bildeten sie zumindest über Jahrhunderte eine territoriale Einheit. Hierzu kann man auch noch weite Gebiete der Ardennen rechnen. Die agrarhistorischen Unterlagen des späteren gleichnamigen napoleonischen Departements, mit denen in morphologischer und auch funktionaler Hinsicht diejenigen von Luxemburg und der Eifel verglichen werden sollen, befinden sich in den schon genannten Pariser "Archives Nationales"[3].

Die informativste Aussage über die Beschaffenheit der landesüblichen Pflüge stammt von Diekirch aus dem Jahre 1812[4]. Die dortige Verwaltung beantwortete folgendermaßen die entsprechende, vom Pariser Innenministerium gestellte, hier frei ins Deutsche übertragene Frage: "Es gibt zwei Pflugarten. Die gebräuchlichste pflügt in einer einzigen Furche; man wechselt den Streifen von rechts nach links, und man führt das Pflugmesser selber. Jedes Mal wenn man am Ende des Feldes ankommt, wechselt notwendigerweise die Schar, die an der Sohle mit Hilfe zweier sie umfassender Klammern befestigt ist, die beiden Seiten. Diese Pflugart ist auf zwei Rädern montiert; sie ist in engen Tälern und auf dem Bergrücken sehr bequem und dort überaus in Gebrauch. Die andere Art heißt Haken; sie ist wie ein abgerundeter Spaten gearbeitet, und zwar aus Holz und mit einer Eisenklinge versehen, die in eine Sohle von 1,60 m Höhe eingelassen ist. Der Haken ist auf zwei Rädern befestigt, wird von einem Pferd gezogen und dient zur Aussaat in leichte Böden".

Die Beschreibung des ersten Pfluges charakterisiert einen Kehrpflug, wie er auch auf zwei Zeichnungen vorgestellt wird, die zum Bitburger Dossier des Luxemburger Aktenbestandes gehören (vgl. Abb. 1)[5]. Die obere Hälfte zeigt die Arbeit in schweren, die untere in zu rodenden Böden. Beide Konstruktionen ähneln sich sehr: Die Verbindung des fahrbaren Vorderpfluges mit einem durchgehenden Pflugbaum, der hier neben dem französischen Wort "la haye" auch mit dem deutschen "Grindel" benannt wird, ist gleich. Die Handhaben sind als Doppelsterzen ausgeführt. Griessäule und Streichbrett entsprechen in ihrer Befestigung einander. Die Streichbretter sind auswechselbar, wie die jeweiligen eisernen Ösen verdeutlichen. In beiden Fällen

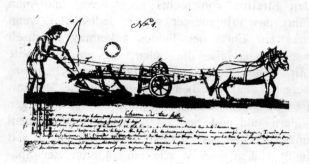

Abb. 1. *Pflügende Bauern, Ardennen oder Eifel (Archives de l'Etat, Luxembourg)*

läßt sich das Pflugmesser mit Hilfe eines eisenbeschlagenen Klemmhebels landwärts biegen, der zwischen Griessäule und einem in den Pflugbaum eingelochten Bolzen gespannt ist. Unterschiedlich sind nur die Stellung des Pflugmessers und die Spitzen der dreieckigen und gewölbten Schar, was mit der jeweiligen Aufgabenstellung zusammenhängt. Unter der Zeichnung ist noch vermerkt - was allerdings der oberen Darstellung zu widersprechen scheint -, bei schweren Böden wie in Bitburg bediene man sich Vierer- oder Fünfer-Pferdegespanne, während man bei leichten nur zwei nebeneinander ziehende Pferde benötige. Was den agrarhistorischen Hintergrund angeht, so ist laut den Luxemburger Archivalien für den "Arrondissement Bitbourg" des Jahres 1812 zu bemerken, daß die durchschnittliche Größe der dortigen Bauernhöfe 33 Hektar bestellbaren und 60 Hektar noch urbar zu machenden Landes betrug. An Vieh besaß man im Mittel drei Pferde, drei Ochsen, vier Kühe, fünf Schweine und fünf Schafe[6].

Die Zeichnung der mit Pferden und vermutlich Ochsen pflügenden Bauern hat als Pendant einen namentlich für das Bitburger Land angeführten Pflug (Abb. 2), der sogar im Detail dargestellt ist, nämlich 1. die Deichsel, 2. ein Teil, an dem man die Pferde anspannt, 3. der Pflug-

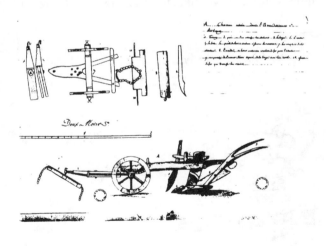

Abb. 2 *Pflug der Gegend um Bitburg*
(Archives de l'Etat, Luxembourg)

baum, 4. das Pflugmesser, 5. die Schar, 6. ein Klemmholz, um das Pflugmesser fest zu drükken, 7. die Handhabe, 8. die Öse aus Holz mit einem Eisenhaken zur Befestigung, 9. eine vom Pflugbaum getrennte Partie des Vorderpfluges mit Rädern und 10. deren Eisenachse. Sicherlich ergeben sich bei dieser K   ruktionsskizze kleine Unterschiede zu den im Arbeitseinsatz dargestellten Pflügen. Diese Abweichungen dürften am ehesten aber auf eine gewisse Ungeschicklichkeit des Zeichners zurückzuführen sein.

Vom Bitburger Pflug unterscheidet sich in wesentlichen Punkten das Modell, das in Neufchâteau gebräuchlich war und von 3 bis 4 Pferden oder 6 bis 8 Ochsen gezogen wurde (Abb. 3). Die Anbringung der Doppelsterze ist recht ungewöhnlich; vereinzelt indes in der Pfalz an-

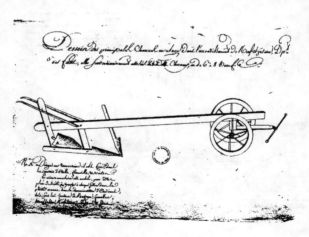

Abb. 3 *Pflug der Gegend um Neufchâteau
(Archives de l'Etat, Luxembourg)*

zutreffen[7]. Die Griessäule ist durch den Pflugbaum gesteckt, so daß sich auch keine Halterung für einen Klemmhebel ergibt, mit dem
man das Pflugeisen verstellen könnte. Das gebo-
gene Streichbrett ist nicht rechteckig ausgeprägt,
sondern verjüngt sich zur Spitze. Die unter der
Zeichnung geschriebene Legende erläutert dazu:
"A bezeichnet ein Streichbrett. Es ist fest montiert in den Kantonen... . Dasselbe Streichbrett
ist beweglich, um bei jedem Furchenwechsel
von rechts nach links umgesetzt zu werden ...".
Es handelt sich also um eine Kombination von
Beetpflug - sein Charakteristikum ist das festste-
hende Streichbrett - und Kehrpflug mit dem
umsteck- oder wendbaren Streichbrett, das ein
Zurückpflügen neben der eben gezogenen Furche erlaubt. Die erste Art pflegte man unter anderem noch in der Gegend von Virton, die
zweite in den gebirgigeren Ardennenkantonen,
wie beispielsweise um Bastogne oder Neufchâteau.

Der gebräuchlichste Pflug der Gegend um
Virton war dagegen das in den Abbildungen 4-5
als Seiten- und Draufsicht vorgestellte Exemplar, dessen Konstruktionsdetails im regionalüb-
lichen Französisch erklärt, und hier soweit für
das Verständnis des Pfluges wichtig, wiedergegeben sind (also ohne die Einzelheiten des
Pflugwagens): a Bouc = Bock oder Sohle, b
Bosse = Buckel oder gebogenes Streichbrett, c
Soc en fer = eiserne Schar, d Maîtresse cheville
= Hauptbolzen oder Griessäule, e Culot =

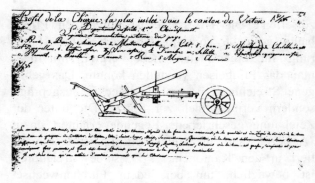

Abb. 4 *Pflug der Gegend um Virton*
Archives de l'Etat, Luxembourg)

Schaft, f Haye = Pflugbaum oder Grindel, g
Manillons = Handhaben oder Sterzen, h Cheville de culot et de manillons = Bolzen des Schaftes und der Handhaben, i Coutre en fer = eiser-
nes Pflugmesser oder Sech, k Lien en (de) fer
= Eisenbeschlag, l Fourche = Gestellgabel (des

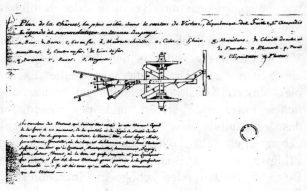

Abb. 5 *Pflug der Gegend um Virton*
Archives de l'Etat, Luxembourg)

Vorderpfluges) ... Unter den Zeichnungen findet sich noch ein Hinweis über die Anzahl der Pferde, die man bei Pflügearbeiten unterschiedlicher Bodenqualität einspannen muß: bei sandigen Böden drei, dagegen sechs bei schweren und kompakten. Der Schlußsatz betont: "Es ist sehr selten, daß man andere Tiere als Pferde einspannt"

Soweit der Bestand an Zeichnungen von Pflügen napoleonischer Zeit im Luxemburger Staatsarchiv. Wie angekündigt seien ihnen - da unmittelbare regionale Nachbarschaft - die Abbildungen der Ardennen-Pflüge aus dem Besitz des Pariser Archives gegenübergestellt. Erhalten hat sich zudem ein umfangreicher, die Landwirtschaft betreffender Schriftverkehr zwischen dem französischen Innenministerium und dem Arrondissement de Rocroi[8]. Der Verfasser aus dem gleichnamigen alten, abgelegenen Festungsstädtchen bedankt sich bei seiner vorgesetzten Behörde in der Hauptstadt für die Ehre, "mehrere Zeichnungen der hier gebräuchlichen Pflüge seinem Schreiben beilegen zu dürfen" und versichert: "Verlassen Sie sich bitte auf die Genauigkeit der Zeichnungen". Für diese Exaktheit spricht beispielsweise eine farbig angelegte Pflugdarstellung, der man bereits künstlerische Qualität zubilligen kann (Abb. 6). Zweifelsohne handelt es sich um eine Ardennen-Provenienz, wenn auch Ortsbezeichnung und weitere Erläuterungen fehlen. Der Pflug besitzt nur eine Handhabe. Ihr langer Stiel ist mit dem Grindel

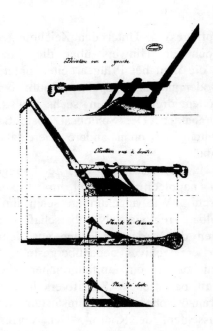

Abb. 6 *Ardennen-Pflug (Archives Nationales, Paris)*

mittels eines Eisenbeschlages armiert, so wie es
auch die Griessäule ist. Wie man es von seinem
mutmaßlichen Brabanter Vorbild kennt, ist der
Pflug als Linkswender gearbeitet. Die hochgezo-
gene Schar geht recht elegant in das geschwun-
gene Streichbrett über, was ebenfalls dem Brabanter Beetpflug entspricht.[9]. Das an die Griessäule genagelte und mit einer Kette an die Sterze gebundene Streichbrett ist zusätzlich mit Hilfe einer kurzen, gekrümmten Stange am Pflugbaum befestigt und wird so von ihm gleichzeitig weggehalten. Eine kurze Kette sichert das
Pflugeisen an der Griessäule. Eines Klemmhol-

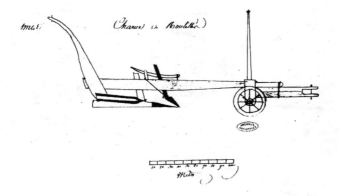

Abb. 7 *Ardennen-Pflug (Archives Nationales, Paris)*

zes wie bei den Kehrpflügen (z.B. Abb. 1) bedarf es an dieser Stelle nicht, weil das Messer
bei einem Furchenwechsel ja nicht verstellt
wird. Ein fahrbarer Vorderpflug ist nicht dargestellt. Wie man ihn sich vorzustellen hat, vermittelt ein weiteres Beispiel (Charrue à Roulet-
tes, Abb. 7), das sich von dem vorigen vor allem insofern unterscheidet, als wir es mit einem
Kehrpflug mit der bekannten Halterung des
Pflugmessers mit Hilfe eines Klemmholzes zu
tun haben. Ihm assistiert ein an dem Pflug-
baumbolzen und einem unteren Haken des Messers befestigtes Seil oder Eisen. Die Aufgabe
des Klemmholzes ist auf der nächsten Zeichnung, ein Pflug mit Vorderwagen, kurz erläutert
(Abb. 8b). So bezeichnet Nr. 10 "Le Ployant
servant à fixer Le Coutre" = Klemmholz zur
Befestigung des Pflugmessers; Nr. 11 gibt die

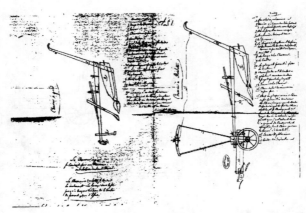

Abb. 8 *Pflug mit und ohne Vorderwagen*
(Archives Nationales, Paris)

Kette an, die das Pflugmesser unterstützt und
Nr. 12 den hölzernen Bolzen. Die Arbeitsweise
als Kehrpflug ergibt sich deutlich aus der An-
merkung zu Nr. 15 - dem Streichbrett: Es ist in
Eisen eingefaßt und wirft die vom Pflugmessser
aufgerissene und von der eisernen Schar hoch-
gedrückte Erde um. Das Brett ist am Ende des
Pfluges angebracht, beweglich und nach jeder
Furche umdrehbar; es steht auf Grund eines
Zapfens seitlich ab und ist einerseits mit der
Sterze (la queue) sowie andererseits mit der
Schar verbunden, und zwar mit Hilfe eines Rin-
ges und Hakens. Die Konstruktion dieses fahr-
baren Pfluges ist nahezu identisch mit dem rad-
losen Gegenstück (Charrue à pieds, Abb. 8a),
das auf demselben Blatt wiedergegeben ist. Als
Unterschiede sind festzuhalten: der dortige
Punkt 5 (= Pflugfuß, der sich beliebig senken

und erhöhen läßt; im Deutschen "Schleifstelze" - für die gewünschte Arbeitstiefe verstellbar) und 6 (= Haken, mit dessen Hilfe man das Pflugmesser höher oder tiefer einstellt, je nachdem wie weit die Schar in den Boden eindringen soll). Transportiert wird ein derartiger Pflug auf einem Schlitten. Das mobile Gerät läßt sich dagegen auf die Weise zum und vom Feld fahren, indem man die Handhabe und Sterze zum Boden wendet, bis Schar und Pflugmesser weggedreht sind.

Bei dem Studium der Pflugabbildungen fällt auf, daß sich die anonymen Zeichner und Verfasser der technischen Details häufig lokaler Termini bedienen, die manchmal recht bildhaft sind, wie "le chien" für die Schar oder "le prêtre" und "le prêcheur" für den Bolzen, der mit seinem vorderen Pendant dem Klemmholz des Pflugmessers Halt gibt. Dieser Regulierriegel wird in den Akten der Ardennen "le ployant" genannt; in Schriftfranzösisch heißt er "le pleyon" und findet sich durchweg in nordfranzösischen Pflugbeschreibungen[10].

Eine Variation des auf Abb. 8a vorgestellten nicht fahrbaren Kehrpfluges (Charrue à pieds) ist das folgende Exemplar (Abb. 9), dessen Schar allerdings dreieckig und hochgezogen ist und dessen Streichbrett eine rechteckige Form aufweist.[11] Die Terminilogie der Legende ist teilweise wieder landschaftlich geprägt. Im einzelnen sind angegeben: A Sterz, B Pflugbaum, C Fuß, D Krampen, E Pflugmesser, F Sohle

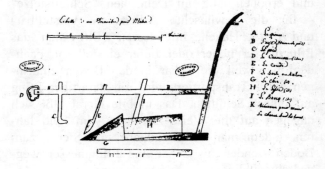

Abb. 9 *Ardennen-Pflug (Archives Nationales, Paris)*

oder Ferse, G Schar (hier "le chie" anstelle "Le chien"), H Brett, J Griessäule, K Schlitten, auf dem der Pflug über Land gezogen wird. Wenn die Zeichnung nicht trügt, stellt sie einen Beetpflug dar - im Gegensatz zu dem nächsten Blatt (Abb. 10), das einen Kehrpflug zeigt; die Regulierfunktion des "Ployant" = K und die Kombination mit dem Sech (Le Coutre = H) zeigen sich deutlich.

Schluß:

Wenn die Zeichnungen auch nicht immer präzise sind, so läßt sich doch meistens die Arbeitsweise der Pflüge verstehen. Man erkennt den Unterschied zwischen Kehr- und Beetpflug und kann ihren Einsatz im diversen Gelände und bei verschiedenen Bodenqualitäten nachvollziehen. Darauf bezieht sich eine Stellungnahme aus Rocroi im Ardennen-Departement: Wenn das Terrain ebenerdig ist, pflügt man erhöhte

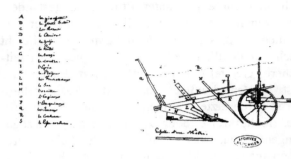

Abb. 10 *Ardennen-Pflug (Archives Nationales, Paris)*

Streifen bis zu dreißig Fuß mit scharf gewölbtem Rücken; wenn das Land aber abschüssig und hängig ist, pflügt man nur eben. Dabei, so fährt der Informant fort, besteht noch immer die Gefahr, daß die Saat ausgeschwemmt wird, fault oder verdirbt. Die erste Erklärung bezieht sich offensichtlich auf den Beet-, die zweite auf den Kehrpflug.

Bei den vorgestellten Pflügen dominiert das mit einem Vorderwagen ausgestattete Gerät, wie es auch meistens bei den napoleonischen Befragungen des Rheinlandes anzutreffen ist[12]. Daneben findet sich aber die praktischere, im Gelände beweglichere Variante, die auf ein Radgestell verzichtet und stattdessen einen Fuß oder eine Schleifstelze besitzt (Abb. 8a, 9). Ein solch gut manövrierbarer Pflug kommt mit einer Einzelsterze aus. Hier hat - wie bereits in einem anderen Zusammenhang erwähnt - der als vorbildlich anerkannte Brabanter Pflug Pate gestanden. Das wundert bei der räumlichen Nähe der Ardennen zu dieser Gegend nicht, macht vielleicht auch verständlich, daß sich eine solche neuzeitlichere Geräteform im entfernteren Luxemburg erst in den dreißiger Jahren des 19. Jahrhunderts durchsetzte[13]. Zudem legt dies Kulturströme, Kulturkreise oder zivilisatorische Verzögerungen offen, was dann noch deutlicher wird, wenn man bedenkt, daß im südlichen Rheinland, neben selbstverständlich moderneren Typen, der altertümliche Hunspflug - ein Kehrpflug mit S-förmiger Sterze und gebogenem Pflugbaum - noch im frühen 20. Jahrhundert benutzt wurde[14]. Auf Grund der Pflug-Forschungen von Paul Leser (1931) hat auch die jüngere französische Literatur auf dieses spezielle rheinische Phänomen und vor allem auf dessen Montierung der Schar hingewiesen die den Pflugbaum durchzieht und an Gemeinsamkeiten mit prähistorischen Haken erinnern läßt[15].

Die rheinische Antiquität läßt gut verstehen, wie sehr es der napoleonischen Verwaltung daran gelegen war, das landwirtschaftliche Niveau in ihrem Herschaftsgebiet zu heben. Sie hatte damit, wie sie etwa im südlichen Rheinland - Hunsrück und Eifel - klagte, nicht immer Erfolg. Ein wichtiges Ziel dieser Ameliorationsbemühungen war der Pflug, wie man aus der Landwirtschaftsliteratur jener Zeit weiß und wie es, ganz konkret, ein dem Luxemburger Archivbestand beigebundener "Arrété Relatif à une

Souscription ouverte pour le perfectionnement des Charrues" zu entnehmen ist. Darin heißt es übersetzt unter anderem: "Gehen wir davon aus, daß ein gut gebauter Pflug das erste der landwirtschaftlichen Geräte ist.

Daß die Bauern in verschiedenen Ländern Europas ihre üblichen Pflüge in der Art verbessert haben, daß zwei Ochsen, Maultiere oder Pferde, die von einem Mann geführt werden, leicht an einem Tag und sogar in ausreichender Tiefe etwas mehr als ein Drittel Hektar pflügen, was mehr als zwei Drittel einer "Saumée"" oder "Salmée" an Land entspricht (altes Maß von Nimes); ..."

Von diesem Ziel waren die Bauern des Wälder- und wohl auch des Gros des Ardennen-Departements noch weit entfernt, mußten sie doch bei schweren Böden bis zu sechs starke Pferde vorspannen. Als einen Fortschritt auf dem Wege der Arbeitserleichterung kann allerdings schon der von Brabant beeinflußte Pflug gewertet werden, der sich allmählich von Norden über die Ardennen ins Luxemburgische und in die Eifel verbreitete. Eine derartige Diffusion einer technischen Neuerung macht verständlich, daß es - so sinnvoll es aus verschiedenen Gründen auch sonst sein mag - mit einer örtlich-punktuellen historischen Betrachtung alleine nicht getan ist, sondern daß die kulturräumlichen Aspekte von Landschaften zu berücksichtigen sind, die über Jahrhunderte territorial einander zugehörten. Deswegen sollte hier beispielsweise der Pflug der Bitburger Gegend auch nicht alleine gesehen werden. Vielmehr ist es wichtig, ihn im Zusammenhang mit seinen Verwandten im luxemburgischen Umfeld zu betrachten, mit dem bis 1815 auch Bitburg vereint war. Versteht man darüber hinaus die Entwicklungsgeschichte des Pfluges, dessen Verbesserung etwa die französische Regierung kaum den Bauern alleine überlassen wollte, als einen Prozeß unterschiedlicher regionaler Dynamik, so empfiehlt es sich, den Blick über die Grenzen des einstigen habsburgisch-luxemburgischen Kernlandes zu richten, etwa in das südliche Rheinland mit dem altertümlichen Hunspflug, zum Niederrhein hin, dessen Vorderpflüge an ein und demselben Gerät unterschiedlich große Raddurchmesser aufweisen - so konnte die Radachse während des Pflügens in eine einigermaßen waagerechte Lage gebracht werden - oder hin in das vorbildliche Brabant, aus dessen nördlichem Bereich, dem "Arrondissement Eindhoven", die Pariser "Archives Nationales" ebenfalls einige Zeichnungen von Pflügen aus dem Jahre 1812 besitzen (Abb. 11-12)[16]. Der Brabanter Pflug, der als Prototyp des modernen Pfluges gilt, und von Johann Nepomuk von Schwerz auch in Deutschland bekannt gemacht wurde, war schlechthin das Sinnbild der progressiven, oft schon "revolutionär" eingestuften Landwirtschaft des 18. Jahrhunderts[17]. Die Pariser Blätter der agrarhistorischen Geräte der Region Eindhoven zeigen Beetpflüge, deren Arbeitsbreite und -tiefe sich in der Regel mit

Hilfe eines regulierbaren Stellbügels zwischen dem Kopf des Grindels und dem Streichbrett (Abb. 11b u. 12b) sowie der ebenfalls verstellbaren Schleifstelze, dem Gleitschuh oder dem kleinen Rad bestimmen läßt. Manche dieser nur mit einer Sterze ausgestatteten Pflüge besitzen wieder zwei unterschiedlich große Räder, deren größeres, wie am Niederrhein, in ‚der Furche verläuft, während das kleinere auf dem noch unbearbeiteten Land verbleibt[18].

Unabhängig von den Zeichnungen ist in dem Bericht aus Eindhoven auch das eigentliche Pflügen erklärt, das in vier Durchgängen üblich war. Nach dem zweiten sind "die Felder in der Mitte höher und haben eine mehr oder weniger starke Neigung zur Furche hin, damit die Nässe besser abziehen kann". Das ist das Resultat des Beetpflügens.

Die technischen Vorteile des Brabanter Pfluges sind sicherlich den napoleonischen Agrarexperten in Paris nicht verborgen geblieben, die aus Vergleichsgründen zentral eine Sammlung europäischer Pflüge aufbauen wollten. Die im Zusammenhang dieses Strebens 1811-1813 durchgeführten Enqueten haben der Pflugforschung ein breites Grundlagenmaterial zur Verfügung gestellt. Solche Quellen lassen sich außerdem als ein vorzügliches Beispiel der von Ernő Kunt verstandenen "Bild-Kunde - Volks-Kunde" zitieren. Dazu trägt in besonderem Maße auch ihre überregionale Aussage bei, die im Sinne der Kulturraumforschung den Blick

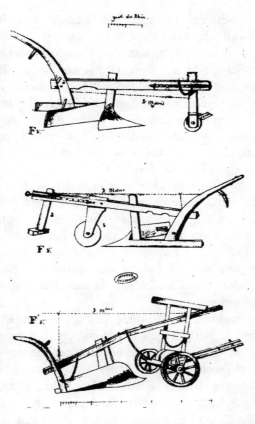

Abb. 11 *Pflüge aus Nord-Brabant, Gegend um Eindhoven*
(Archives Nationales, Paris)

auf das Ganze, ohne einengende politische
Grenzen lenkt. Daß dies bei dem Beispiel des
Pfluges bereits so gesehen wird - ob bewußt
oder unbewußt, sei dahingestellt - belegt die
hier wiedergegebene erste Abbildung, deren
Pflug in einer landeskundlichen luxemburgischen

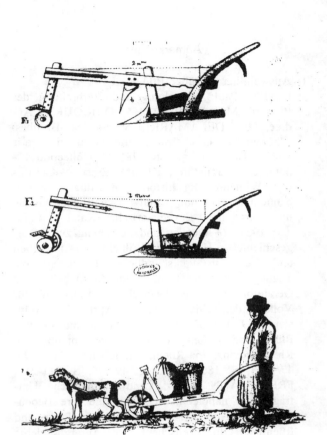

Abb. 12 *Pflüge aus Nord-Brabant, Gegend um Eindhoven*
(Archives Nationales, Paris)

Publikation als altes landesübliches Gerät und in
einer belgischen Abhandlung als dasjenige der
Ardennen vorgestellt wird[19]. Ebenso könnte man
von dem Pflug der Bitburger Gegend sprechen.

Anmerkungen

1. Auswahlliteratur über Pflüge:
   LESER, Paul: Entstehung und Verbreitung des Pfluges. Münster 1931; HAUDRICOURT, Andreé, G. - DELAMARRE, Mariel Jean-Brunhes: L'homme et la charrue à travers monde. Paris 1955. Nachdruck Lyon 1986 (= Collection L'-homme et la nature); KLEIN, Ernst -. KREPELA, Wilhelm: Die historischen Pflüge der Hohenheimer Sammlung landwirtschaftlicher Geräte und Maschinen. Ein historischer Katalog. Stuttgart 1967 (= Quellen und Forschung zur Agrargeschichte - HANSEN, Wilhelm (Hg.): Arbeit und Gerät in volkskundlicher Dokumentation. Tagungsbericht der Kommission für Arbeits- und Geräteforschung der Deutschen Gesellschaft für Volkskunde, Schleswig 5. - 8. April 1967. Münster 1969.); COX, Heinrich: Die präindustriellen Pflüge und Haken der ehemaligen preußischen Rhein-provinz. In: Rhein. Vierteljahresblätter, Jg. 47/1983, S. 180-235 u. Jg. 49/185, S. 211-219; FRECKMANN, Klaus: Landwirtschaftliche Umfragen der napoleonischen Zeit und ihre Bedeutung für die Kulturraumforschung Pfalz und Rheinland. In: Zeitschrift für Agrargeschichte und Agrarsoziologie, Jg. 37/189, H. 2, S. 126-167. In diesem Beitrag ist auch die Literatur über die napoleonischen Enqueten aufgeführt.
2. Luxemburg, Archives de l'Etat, Rég. B., Liasse Nr. 12-125, 13-146.
3. Paris, Archives Nationales, F (10), 351.
4.-6. Wie Anm. 2 - Die obere Hälfte des Blattes - der pflügende Bauer - ist bereits gedruckt. Vgl. MARGUE, P.; ALS, G.; HOFFMANN, F.; MOLITOR, J.; GEHRING, J.M.; KLEES, H.: Lu-

xembourg. Le Puy 1984. S. 103. Vgl. auch DORBAN, Michel: En Ardenne et Gaume, l'élevage autour de 1809. S. 186-193, insbesondere S. 187 (= Libramont 1984. Entre Foins et la Moisson, Hg.: Société royale Le Cheval de trait Ardenais, Morloie/Belgique). Brüssel-Paris 1984.

7. FRECKMANN, K.: (wie Anm. 1), S. 131 f., Abb. 2.
8. Wie Anm. 3.
9. KLEIN, E. (wie Anm. 1), Vergl. die Beispiele 280-282, S. 132-135.
10. HAUDRICOURT u. DELAMARRE (wie Anm. 1), S. 327, Fig. 165-167.
11. Wie Anm. 3.
12. FRECKMANN, K. (wie Anm. 1).
13. MARGUE, P. 8wie Anm. 4-6)
14. COX, H. (wie Anm. a).
15. HAUDRICOURT u. DELAMARRE (wie Anm. 1), S. 326.
16. Signatur: F (10) 353.
17. LINDEMANS, Paul: Geschiedenes van de Landbouw in Belgie. 2 Bände, Antwerpen 1952. Nachdruck Brüssel 1994. Vgl. 1. Band, S. 183-187. - Die "revolutionäre" Entwicklung der Landwirtschaft wird von der jüngeren Geschichtsforschung relativiert. Siehe dazu z.B.: BILLEN, Claire: Une révolution agricole introuvable?, S. 95-120 (= La Belgique Autrichienne 1713-1794. Les Pays-Bas méridionaux sous les Habsbourg d'Autriche. Hg.: Hervé Hasquin). Brüssel 1987.
18. Nachdruck Brüssel 1994. Vgl. 1. Band, S. 183-187. - Die "revolutiuonäre
19. Vgl. Anm. 4-6 - MARGUE P.: Luxembourg... und DORBAN M.: En Ardenne et Gaume

Der Votant im Vollzug der Anheimstellung Dargestellt an den Martern/Bildstöcken des Frankenwaldes

ROLAND GRAF (Kronach)

Der Frankenwald ist eine typische Mittelgebirgslandschaft im Norden Bayerns. Geographisch umfaßt er die Landkreise Hof, Kulmbach und Kronach. In den katholischen Gebieten dieser Landschaft findet man heute noch cirka 350 Sandsteinmartern, deren Stiftungen aus vielerlei Anlässen heraus erfolgt sind. Sie sind ein fester Bestandteil der Fränkischen Bildstocklandschaft.

Die in den Reliefs dargestellten Heiligenbilder enthalten eine Fülle an Informationen. So sind die häufig vorkommenden Darstellungen der "Glosberger Muttergottes", der "Vier-zehn Nothelfer" oder der "Krönung Mariens" ein direkter Hinweis auf die fränkischen Wallfahrtsorte Glosberg, Vierzehnheiligen und Gößweinstein und ein Beweis für den Einfluß der Wallfahrtsorte auf die Bildstockikonographie[1]. Das jeweilige Gnadenbild am Flur-denkmal blickt dabei in der Regel in die Richtung der entfernten Wallfahrtskirche. Aus dieser Erkenntnis heraus werden Martern sekundär zu Wegweisern für die Pilger.

Gleiches gilt auch für die Kirchenpatrone der umliegenden Pfarrkirchen, die, im Bildteil dargestellt, in die Richtung der jeweiligen Kirche blicken. Die enge Bindung der Dorfbe- wohner zu ihrem Kirchenpatron wird transparenter unter dem Gesichtspunkt der heute noch begangenen Kirchweihfeste zu Ehren des Schutzpatrons. Ausschlaggebend für die innere Bindung zum jeweiligen Kirchenheiligen ist u.a. der Lebensabschnitt des Einzelnen, den er im Dorf verbracht hat. Menschen, die z. T. ein Leben lang in ihrem Dorfe wohnten, die in "ihrer" Kirche die Taufe, die Kommunion und die Firmung empfangen durften, die hier die Ehe schlossen - sie stehen mit ihrem Kirchenpatron auf du und du: *"Mein heiliger Georg steht mir doch näher als der Heilige der Nachbarkirche"*! In diesem Zitat eines betagten Dorfbewohners über "seinen" Kirchenpatron klingt das besondere Verhältnis, das persönliche Vertrauen und nicht zuletzt die stets erwartete Hilfe des Heiligen an.

Während Heiligendarstellungen an den Martern, besonders ab dem 17./18. Jahrhundert, mit bis zu vier Bildern vertreten sind, bilden Ex Voto Szenen mit dem Bild des Stiftungsanlasses mit 3,5 Prozent die große Ausnahme. Diese "redenden Bilder" sind darstellerisch und inhaltlich gleichzusetzen mit den Votivtafeln und mit den Epitaphien.

Leider sind an den Flurmalen, abgesehen von wenigen Jahreszahlen, kaum Inschriften eingemeißelt, die einen Hinweis auf den komplexen Votivakt geben könnten.

Auch die mündliche Überlieferung ist nur noch spärlich erhalten. Allerdings läßt sich hier der Nachweis erbringen, daß die mündliche Überlieferung in der Kernaussage das wahre Geschehnis über Jahrhunderte bewahrt hat [2].

Ein fester Bestandteil dieser in Stein gemeißelten Ex Voto Bilder ist der Votant selbst, wie er als Bittsteller oder Danksagender in Orantenhaltung sich an die himmlische Macht hinwendet. Der diminutive Votant in Orantenhaltung, dessen Blick emporgerichtet ist auf den übergroß erscheinenden Heiligen, zeigt die demutsvolle Unterwerfung, die menschliche Hilflosigkeit und die erflehte Heilserwartung gleichermaßen auf. Der diminutive Votant und der übergroße Heilige sind zudem ein Hinweis auf die verschiedenen Bereiche der irdischen und der himmlischen Zugehörigkeit.

Eine solche Szene zeigt ein Relief aus dem Jahre 1745 in Rothenkirchen (Abb. 1). Rechts im Bild kniet der diminutive Votant. Sein Blick ist flehentlich auf die übergroße Gestalt des hl. Nikolaus gerichtet. Die Wolke über dem Haupt des Heiligen ist ein Hinweis auf die himmlische Transzendenz. Er nimmt die gesamte Bildmitte ein. Zu Füßen des segnenden Heiligen liegt ein Wickelkind. Vermutlich ist hier der Anlaß der Votation aufgezeigt.

Als Bewegungsebene für alle drei Figuren erkennt man einen flachen Erdhügel. Weitere Reliefs an dieser Marter sind die Marienkrönung,

Abb. 1 *Rothenkirchen 1745*

Abb. 2 *Wallenfels / Hammer 18.Jh.*

die Fünf Wunden und die Vierzehn Nothelfer mit dem Jesuskind.

Dem frühen 18. Jahrhundert ist eine Marter in Wallenfels / Hammer zuzuordnen, die eine sechsköpfige Stifterfamilie kniend in Orantenhaltung zeigt (Abb. 2). Links im Bild der Vater mit zwei Söhnen und rechts die Mutter mit zwei Töchtern. Die Mädchen tragen Kronen auf den Köpfen und sind mit kleinen Kreuzen als bereits verstorben gekennzeichnet. Ebenso einer der Buben. Der Blick des Vaters ist auf Gottvater gerichtet, der von einem Wolkenkranz umgeben, als Halbfigur auf die Familie niederblickt. Strahlenbündel unterstreichen die himmlische Transzendenz. Der Blick der Mutter wendet sich dem Betrachter des Bildes zu. Sie bittet gleichsam den Verweilenden um ein Gebet, um Mithilfe, daß ihr Flehen und Hinwenden zu Gottvater Erhörung finden möge.

Die weiteren Reliefs an der Marter sind eine Kreuzigungsgruppe, die Pietà und der hl. Michael.

Über den Votationsanlaß einer Marter in Glosberg erzählt der Volksmund, daß sie für die Abwendung einer großen Kindersterblichkeit errichtet wurde. Der eingemeißelte Text am Flurmal lautet: " *HANNS ELMER 1733* ". Das Bild zeigt die Familie Elmer stehend in Orantenhaltung (Abb. 3). Links vom Vater sieben Söhne, rechts neben der Mutter drei Töchter. Sieben der Kinder sind als bereits verstorben mit kleinen Kreuzen über den Köpfen gekenn-

Abb. 3 *Glosberg 1733.*

zeichnet. Alle Figuren kommunizieren mit dem Betrachter des Bildes. Über der Familie, auf einer Wolkenbank, die Muttergottes mit Jesuskind und Zepter. Es ist das Gnadenbild der Wallfahrtskirche "Maria Glosberg", die sich in Sichtweite der Marter befindet. Ihr, der Muttergottes von Glosberg, hat sich die Familie in all ihrer Not "anheimgestellt" und die Errichtung einer Marter gelobt. Das tragische Schicksal der Familie Elmer ist in den Matrikelbüchern verzeichnet[3]. Von 1724 bis 1727 starb jedes Jahr ein Kind. Das letzte Kind verstarb am 27. April 1733. Mit der Stiftung der Marter hörte die Kindersterblichkeit in der Familie auf. An den Schmalseiten des Aufsatzes sind der hl. Johannes Ev. und die hl.Barbara dargestellt. Mit dem hl. Johannes ist auch der Namenspatron des Stifters im Bildteil vertreten. Die Rückseite ist leer. Der Standort ist am "sog. Franziskanerweg", einem alten Wallfahrerweg von Kronach nach Glosberg.

Ohne die Darstellung der angerufenen, himmlischen Macht ist ein Stifterbild von 1718 in Wolfersdorf (Abb. 4). Ob den, in den anderen Feldern des Aufsatzes dargestellten Heiligen- bildern die Funktion der Anheimstellung zugeordnet werden darf, ist nicht nachweisbar, jedoch zu vermuten. Das vierte Feld am Aufsatz ist leer geblieben. Votant ist eine Frau, die, ebenso wie ihre beiden als verstorben gekennzeichneten Männer, auf einem erhöhten Erdhügel kniet. Zwischen den betend dargestellten Er-

Abb. 4 *Wolfersdorf 1718*

wachsenen liegt ein bereits verstorbenes Wickelkind.

Von einer Marter in Marienroth berichtet die
Überlieferung, daß ein Bauer auf dem Heimweg
von Rothenkirchen nach Marienroth, kurz vor
seinem Anwesen, erfroren sei. Als man ihn tot
auffand, wachte noch sein Hund bei ihm. Das
leider stark verwitterte Bild zeigt im unteren
Teil, vor einem Gartenzaun liegend, die Gestalt
des Bauern. Schemenhaft ist rechts noch der
Hund zu erkennen. Über dieser Szene ist
schwebend, auf einer Wolkenbank, die Krönung
Mariens durch die Trinität zu sehen. Das Flurmal steht am alten Kirchsteig von Marienroth
nach Rothenkirchen An den Schmalseiten befinden sich je ein schlichtes Kreuz.

Christus am Kreuz und das Abbild eines
Soldaten mit "Gewehr bei Fuß" findet man an
einer Marter in Haßlach/Kronach aus dem Jahre
1731. An den Schmalseiten des Aufsatzes assi-
stieren der hl. Nepomuk und die Glosberger
Muttergottes. Die Rückseite ist leer.

Gleich zweimal ließen sich die Votanten an
einer Marter in Dörfles darstellen. Beide Darstellungen zeigen sie kniend als Oranten auf einem gewölbten Erdhügel. Ihr Blick ist jeweils
nach oben gerichtet. Im Mittelpunkt des einen
Bildes steht das Kreuz des Erlösers mit Lanze
und Ysopstab (Abb. 5). Im anderen Bild erscheint als himmlisches Zeichen das Christo-
gramm "I H S" über den Oranten. Weitere figu-

Abb. 5 *Dörfles 18. Jh.*

rale Darstellungen am Aufsatz sind die hl. Familie und der hl. Andreas.

Bei einem schweren Gewitter erschlug der Blitz den Schweinehirten von Eila bei seiner Herde. Das Unglück geschah 4oo m abseits des Dorfes. An der Unglücksstelle befindet sich ein kleiner Gedenkstein mit der Jahreszahl 1733. Das religiöse Mal errichtete man jedoch beim Hirtenhaus, in dessen unmittelbarer Nähe der einstige Kirchen- und Leichenweg von Eila nach Rothenkirchen verlief. Das Relief am Aufsatz der Marter zeigt ein von Wolken umspieltes Kruzifix, das auf einem gewölbten Hügel steht. Am Fuß des Kreuzes liegt der vom Blitz getötete Hirte, dessen Hände zum Gebet gefaltet sind (Abb. 6). Die weiteren Seiten des Aufsatzes sind leer.

Wie bisher aufgezeigt werden konnte, sind in der Regel der Votant und die angerufene himmlische Macht in einem Bild, meist auf verschiedenen Ebenen, dargestellt. Eine Besonderheit bei Ex Voto Bildern ist die räumliche Trennung der irdischen und himmlischen Zugehörigkeit, die an zwei Martern aus dem 18. Jahrhundert anzutreffen ist. Die Inschrift der Marter bei Gifting lautet: " *Hans Rech 1756* ". An den vier Seiten des Aufsatzes sind als Relief die Glosberger Muttergottes, die Marienkrönung, der hl. Petrus und der hl. Johannes Ev. abgebildet. Die anheimgestellte Person, der Schweinehirt Hans Rech von Gifting, der ebenfalls durch Blitzschlag sein Leben verlor, ist in einem Feld am

Abb. 6 *Eila 1733*

Abb. 7 *Giftling 1756*

schlanken Pfeilerschaft dargestellt. Sein Körper liegt, halb angelehnt, am Stamm eines hohen Laubbaumes (Abb. 7). Mit dem hl. Johannes ist auch hier der Namenspatron des Verunglückten dargestellt.

Die ikonographisch wohl interessanteste Marter im untersuchten Gebiet steht auf den Höhen des Frankenwaldes bei dem Dorfe Nurn[4]. Der Fuhrweg, der an dem Flurmal vorbei- führt, war einst der Kirchen- und Leichenweg von Nurn nach Steinwiesen. Die mündliche Überlieferung weiß zu berichten, daß hier ein Mensch " ums Leben gekommen sei". Näheres war nicht bekannt. Am Aufsatz wird mit den Reliefdarstellungen der 14 Nothelfer und der Marienkrönung der Einfluß der Wallfahrtsorte auf die Bildstockikonographie nachvollziehbar. Mit dem dritten Relief, es zeigt die Heilige Familie, wird der Bezug zur Inschrift und der Anheimstellung hergestellt. Sie lautet: " *Jesus = Maria: U = Joseph steh = mir bey an = meinen letzen = End Weill = ich nicht hab = können emp = fangen das = Heilig Sacra =*(ment) *= Michel = Zieppfel = 1778 "*. Das vierte Relief, der hl. Michael, blickt zur Kuratiekirche "St. Michael" Nurn. Eines von vielen Beispielen, die den Einfluß der Kirchenpatrone auf die Bildstockikonographie belegen. Unter dem Relief des hl. Michael ist im großen Feld des Schaftes ein hoher Laubbaum mit einem abgebrochenen Ast abgebildet. Darunter, im kleinen Feld des Schaftes, liegt eine menschliche Gestalt (Abb. 8). Sie zeigt den im Text erwähnten Michael Zipfel, der " zum Streu machen" (= Laub vom Baum schlagen, das als Viehfutter diente) auf einen hohen Baum gestiegen war. Als der Ast brach, stürzte er zu Tode. Geschehen am 24. Oktober 1777. Bewußt wird die Gestalt des Verunglückten am Schaft unter dem Bild seines Namenspatrons angeordnet. Es ist eine weitere Form der besonderen Anheimstellung an seinen Namenspatron. Auch hier ist der urkundliche Nachweis des Geschehens in den Matrikelbüchern nachvollziehbar und ein Beweis für die Wertigkeit der mündlichen Überlieferung. Eine weitere Inschrift befand sich am Sockel des Flurmales, die heute leider vollständig abgewittert ist.. Sie lautete: " *Hier bin gestorben ich, beth ein Vatter unser für mich* ". In den beiden Inschriften wird sowohl die Bitte an die Heiligen ausgesprochen, sich dem Votanten zuzuwenden und Fürbitter für ihn zu sein bei Gott - als auch die Bitte an die Lebenden, durch Gebete und gute Taten für das Seelenheil des Votanten zu sorgen. Denn ihm war es durch den plötzlichen Tod versagt geblieben, weitere gute Taten für sein eigenes Seelenheil zu verrichten.

Die mit der Stiftung der Marter verbundene Gebetserwartung wird verdeutlicht unter dem Aspekt der Auswahl des Standortes, denn häufig geschah das Unglück abseits des Weges in der Flur. Das religiöse Mal errichtete man jedoch an einem vielbegangenen Wallfahrts - Kirchen -

Abb. 8 *Nurn 1778*

oder Leichenweg, an dem möglichst viele gläubige Menschen vorbeizogen und im Gebet des Unglücklichen gedenken konnten. Dabei verstärkte die Ex Voto Darstellung am Flurmal die Anteilnahme des Betrachters. Der Anlaß der Stiftung wurde durch die "Bildsprache" für jedermann lesbar, auch für den des Lesens Unkundigen.

Anmerkungen

1. GRAF, Roland: Der Einfluß der Wallfahrtsorte auf die Bildstockikonographie; dargestellt an der regionalen Wallfahrt Maria Glosberg im Frankenwald. In: Heimatkundliches Jahrbuch des Landkreises Kronach 18 - 1990/91
2. Ergebnis einer vom Verfasser an 6oo religionsgeschichtlichen Flurdenkmalen durchgeführten Untersuchung (1970 - 1980).
3. Diözesanarchiv Bamberg: Kronacher Matrikelbücher
   1721 - 1728 Bd. 27/12 S. 46, 49, 51, 54
   1729 - 1736 Bd. 27/13 S.69
4. GRAF, Roland: Flurdenkmale im Wandel der Zeit; die Sandsteinmarter von Nurn - Studie zur Ikonographie der Bildstöcke. In: Heimatkundliches Jahrbuch des Landkreises Kronach 19 - 1992/1993

Die Industrie-Landschaft des Ruhrgebietes in Deutschland und das Entstehen poetischer Orte

ROLAND GÜNTER (Bielefeld)

Das Ruhrgebiet ist die Region, die die großen Industrien und die gigantischen Energien der Epoche geschaffen hat.

Vor rund hundertundfünfzig Jahren entstand die Industrie in einer größeren Dimension. Ihre Geschichte ist äußerst farbig. Eine Fülle von Untersuchungen beschreibt sie.

Industrie ist nichts Festes und Bleibendes, sondern Struktur-Wandel. Das Bewußtsein der Menschen, die sie machen, wandelt sich mit den Verhältnissen. Verhältnisse und Bewußtsein stehen nicht linear zueinander, sondern das Bewußtsein eilt bei einigen Menschen manchmal voraus oder bleibt bei anderen häufig zurück.

Es gab viele Unternehmer, die vorausgreifend auf Hoffnung ihre Entscheidungen aufbauten. Auch die soziale Bewegung orientierte sich an Hoffnungen.

Dies ist in sich vielschichtig. Ein Unternehmer konnte im Hinblick auf Organisation und Technologie Zukunfts-Phantasien haben, aber gleichzeitig seine Leute von der Zukunft ausschließen wollen.

Und Menschen in der sozialen Bewegung konnten für sich Vorstellungen von einer besseren Welt entwickeln, ohne daran zu denken, wie sie innerhalb der realen Verhältnisse entwickelt werden konnten.

Es gibt also innerhalb der einzelnen Personen und Gruppen Brüche, Schieflagen und Widersprüche. So besteht die Geschichte dieser Industrie-Gesellschaft aus merkwürdigen Schlinger-Bewegungen. Teilweise sind sie bis heute nicht beschrieben.

Dies wird auch in Zukunft so weitergehen. Menschen sind meist nicht gewohnt, in Vielschichtigkeit und Zusammenhängen zu denken.

Gibt es Korrektive und Herausforderungen, die zu komplexem Denken führen?

Wissenschaftler und Künstler? Wissenschaftler können die Gesellschaft untersuchen und wie die Menschen tätig sind. Künstler sind in der Lage, Impulse zu setzen, Seelen zu wärmen, mitzureißen.

Aber nicht alle Wissenschaftler und Künstler haben dieses Interesse. Doch Wissenschaft hat in ihrem Wesen die Herausforderung zu komplexem Denken. Und Kunst hat sie in ihrem Wesen ebenfalls. Wenn dies verstanden wird, kann es daher zwischen beiden Zusammenhänge geben.

Dafür möchte ich nun ein Beispiel geben. Ich glaube, daß sich daraus auch für andere Bereichen der Welt etwas lernen läßt.

Im Ruhrgebiet konzentrierten sich bis in die Nachkriegs-Zeit die Menschen darauf, grobe Technologien auf- und auszubauen. So entstanden am Rande kleiner Städte und mitten auf dem platten Land gigantische Industrie-Zusammenballungen. Drumherum bauten sich die Menschen mit aller Notdürftigkeit Wohnungen.

Um 1900 gab es einen neuen Schub an Technologie. Er verfeinerte die Industrie teilweise. Um die vielen neuen Zuwanderer unterzubringen, wurden neue Siedlungen angelegt. Die meisten folgten dem Leitbild der englischen >Garten-Stadt<. Ihr Ideen-Geber Ebenezer Howard hatte im Ruhrgebiet seine größten Erfolge: es entstanden hunderte von >Garten-Siedlungen.<

Hier spielt nun zum erstenmal in der Industrie-Gesellschaft die Ästhetik eine große Rolle für die breite Bevölkerung. Das heißt: für eine Kultur, die nicht nur einige Menschen haben, sondern die ein allgemeines Interesse ist.

Die Häuser der einfachen Leute sollten nicht nur nützlich, sondern auch atmosphärisch sein. Die ganze Siedlung zeigt - bis heute - eine geprägte Gestalt. Sie macht Bezüge der Menschen zueinander deutlich. Sie veranschaulicht, daß es nebeneinander eine Individualität und ein Wir-Gefühl gibt. Wir können uns heute wundern über die Frische, mit der dies geschah - getragen von einer Stimmung des Aufbruchs, des Optimismus.

Im Prozeß der Industrialisierung entwickelte sich sehr langsam und in Phasen eine Struktur, die die Arbeit qualifiziert entwickelte: sie zugleich von den fast tödlichen Mühen befreite und sie intelligent machte. Diese zunehmende Qualifikations-Struktur zog die Notwendigkeit nach sich, daß immer mehr Menschen differenziert ausgebildet werden mußten.

Dafür entstanden zwischen 1955 und 1980 differenzierte Infrastrukturen. Heute verfügt das Ruhrgebiet, das lange Zeit im Rückstand war, über die am besten entwickelte Ausbildungs-Infrastruktur der Welt: Schulen unterschiedlichen Typs, vielerlei Berufs-Bildung, Hochschulen und Volkshochschulen sowie Institutionen der Weiterbildung.

Diese Qualifikation der Personen für differenzierte Arbeiten führte schrittweise dazu, daß auch Nachfrage nach kultureller Entwicklung entstand.

Heute liegt das Ruhrgebiet auch in diesem Bereich an der Spitze der Welt. Während in vielen anderen Städten die Entwicklung bei bestimmten eingefahrenen Formen von Museen und Theatern, meist in der Prägung des 19. Jahrhunderts, stehen blieb, hat diese Region nicht nur viele Einrichtungen geschaffen, sondern sie vor allem ständig reformiert und darüber hinaus weitere kulturelle Stätten für neue Bedürfnisse gegründet.

So entstanden Museen neuen Typs und neuer Methodologie. Sie nahmen sich der Industrialisierung, der Verhaltens-Weisen in den Städten und der kulturellen Gegenstands-Welt an. Neben der dichtesten Kette kommunaler Theater in der Welt bildere sich eine bunte Szene freier Theater. Und neben den etablierten Treffpunkten entstand eine einzigartige Kette von sozio-kulturellen Zentren.

Diese sozio-kulturellen Zentren haben zwei Wurzeln. Das Fundament bildet die Anstrengung vieler Menschen, nicht bloß etwas zu wünschen, sondern es sich auch selbst zu verschaffen, teilweise mit eigener Arbeit. Es gehört zur international vielgerühmten deutschen Tüchtigkeit, daß Menschen nicht nur am Arbeits-Platz etwas leisteten, sondern sich auch handfest auf die Gestaltung ihrer Lebens-Umwelt stürzten.

Dies geschah seit den 70er Jahren in Form von Bürger-Initiativen. Menschen, oft unterschiedlicher Partei- und Welt-Anschauung, taten sich zu kleinen Gruppen zusammen, um ein konkretes Problem zu lösen.

Das Ruhrgebiet hatte das Glück, daß im Bundesland Nordrhein-Westfalen 1980 ein Städtebau-Ministerium geschaffen wurde und daß es von einem Minister geführt wurde, der dafür offene Antennen und vor allem außerordentliche Realisierungs-Fähigkeit entwickelte. Dr. Christoph Zöpel entwickelte zusammen mit seinem Abteilungs-Leiter Prof. Dr. Karl Ganser eine Logistik, die bis dahin einzigartig war.

Ihre Kennzeichen seien kurz skizziert.

Die soziale Orientierung bleibt nicht in der Versorgung stecken, sondern sie erweitert sich zur Entfaltung der Eigentätigkeit, die kulturell wird. Es entsteht eine sozial-kulturelle Orientierung.

Diese ist eingebettet in ein Potential-Denken. Es untersucht die vorhandenen sozial-kulturellen Ressourcen, um sie zu nutzen. Potential-Denken sichert ihre Erhaltung und entwickelt sie weiter, baut darauf auf, fügt Neues ein, ohne das Vorhandene zu zerstören.

Das hatte mit Entwicklungen in Wissenschafts-Zweigen zu tun: in der Geographie (Karl Ganser ist von Haus aus Sozialgeograph), Volkskunde/Kultur-Anthropologie, Sozialwissenschaften, Stadtplanungs- und Bau-Geschichte. Die Gründung von Reform-Hochschulen zahlte sich aus.

Nun wurde das Denken in Zusammenhängen vorangetrieben. Eine im Kern kultur-anthropologische Methode wurde in der Stadtplanung angewandt. Sie blieb keine akademische Diskussion, sondern hatte Konsequenzen in der Praxis - in vielen Feldern, bis in die administrativen und finanztechnischen Bereiche hinein. Finanz-Töpfe wurden nun auch im Zusammenhang genutzt.

Die zehnjährige Tätigkeit des Städtebauministers von Nordrhein-Westfalen ging in die Geschichte als Ära Zöpel ein. Sein Nachfolger Franz-Josef Kniola führt diese aufgeklärte Tradition weiter.

In den 80er Jahren wurde im Ruhrgebiet eine Fülle von Industrie-Denkmälern erhalten. In diesem Sektor ist diese Region heute der führende Bereich in der Welt.

Die Macher setzten darauf, daß die Gebildeten ihr Interesse an den historischen Bau-Dokumenten erweitern: daß sie nicht nur nach Athen, Rom, Venedig, Florenz, Amsterdam, Paris und London gehen wollen, sondern ebenso zu den Stätten der großen Geschichte der Industrialisierung. Sie vermuten, daß kommende Generationen neugierig werden, sich die Meilen-Steine unserer modernen Welt anschaulich vor Augen zu führen.

Innerhalb dessen entstand ein komplexes Reform-Konzept von Denkmalschutz und Museum: neben vielen anderen wurden zwei große Industrie-Museen gegründet. Sie umfassen jeweils ein Netz von historischen Stätten. Und sie bewahren nicht nur Räume, Anlagen und Gegenstände, sondern sie sind auch lebendige Arbeits-Stätten. Offen sind sie nicht nur für Spezialisten, sondern für die gesamte Bevölkerung.

Weltweit einzigartig ist die Kette der soziokulturellen Zentren. Meist entstanden sie in historischen Fabriken - als erhaltende und belebende Nachnutzung. Sie wurden vor allem für historisch vernachlässigte Stadt-Bereiche wichtig. Dort entstanden nun - durchaus in Konkurrenz zu den Cities - wichtige Anziehungs-Punkte neuen Typs und vielfältiger Art.

1989 setzten Städtebau-Minister Zöpel und Prof. Ganser noch eine Ebene drauf: Sie starteten eine einzigartige regional-strukturelle Arbeit. Im Rahmen der Internationalen Bauausstellung (IBA) Emscher Park entstehen nun im Laufe von zehn Jahren rund 80 Projekte - als innovative Initial-Zündungen in vielen Bereichen.

Die Ausgangs-Ebene dieser IBA ist der heftige und schmerzhafte Struktur-Wandel im Ruhrgebiet: die alten Großindustrien laufen technologisch und organisatorisch aus. An ihre Stelle treten schubweise andere Industrien bzw. Dienst-Leistungen.

Während der südliche Teil der Region diesen Struktur-Wandel bereits gut verarbeitet hat, gibt es im nördlichen Bereich erhebliche Schwierigkeiten. Die IBA versteht sich nun als ein Laboratorium für die Umwandlung alter Industrie-Gebiete, der depressed areas. Für diese Tätigkeit erhielt sie inzwischen weltweit einen außerordentlichen Ruf und wird in viele Bereiche der Erde mit ähnlichen Problemen zum Beraten gerufen.

Das Potential-Denken hat dazu geführt, daß die IBA eine Kette von historisch wichtigen Industrie-Denkmälern erhält. Der riesige Gasometer (1928) in Oberhausen, 115 m hoch und im Durchmesser 60 m breit, ist heute eine >Land-Marke<, ein Aussichts-Turm und eine Theater-Stätte. Als Austellungs-Halle zog sie 1994 in vier Monaten 200 000 Besucher an. 1994 wurde sie zum >Ereignis-Kometen< Europas

Ein weiteres einzigartiges Erlebnis: In dem Gerüst-Labyrinth der drei Hochöfen der Hüttenwerke Meiderich (1902) in Duisburg können nun nicht mehr nur die Arbeiter hochsteigen, sondern nach ihrer Stillegung jedermann. In den

Gebäuden finden 150 Gruppen und Vereine ihre Heimat und ein unterschiedliches Tätigkeits-Feld - vom Taucher-Übungsplatz im wassergefüllten Gasometer über die Konzert-Aula der Gebläse-Halle zum Kletter-Garten der Bergsteiger. Das wildgewachsene Umfeld dieser Hochöfen dient als ein ökologischer Park.

Ähnlich wird die einst größte Zechen-Anlage der Welt genutzt: Zeche Zollverein XII (1928/1932) im Essener Vorort Katernberg. Sie entstand im Umfeld des Bauhauses und ist das ästhetische Hauptwerk des Ruhrgebietes.

So entstanden neue Highlights. Wir können sie mit Kathedralen vergleichen. Das Münster in Straßburg stellte die Leistungs-Fähigkeit und den Einfalls-Reichtum einer hochentwickelten städtischen Gesellschaft dar: als ein wirkliche High Tech-Ausstellung - weithin sichtbar und mitten unter den Menschen.

Diese Kette der Industrie-Denkmäler zieht viele Besucher an: aus der unmittelbaren Umgebung und von weither an. Diese Bauten und in ihrer Umgebung die vielen >Garten-Städte<, die inzwischen ebenfalls unter Denkmalschutz stehen, sind keine aufgesetzten Fremd-Körper, sondern sie betten sich in die vorhandene Geschichte ein. Diese Konzeption wirft Geschichte nicht mehr weg, sondern nutzt sie, arbeitet mit ihr, baut in sie das Neue ein, das immer wieder entsteht.

Bis hierhin haben wir im wesentlichen ein Konzept verfolgt, das auf Wissenschaft basiert -

auf einer analytischen Tätigkeit, die aufspürt und untersucht.

Und wir sahen, daß es möglich ist, Einsichten umzusetzen: sie im politischen und administrativen Bereich sowie in Selbsthilfe anzuwenden.

Eine dritte Ebene kommt hinzu. Es ist die Gestaltung von Neuem. Dies führt uns nun in die Ebene der Kunst.

Viele Avantgarden im 20. Jahrhundert hatten behauptet: Altes und Neues sind Todfeinde, das Neue muß das Alte zerstören, neu ist etwas nur, wenn nichts Altes darin steckt. Diese Schlachtrufe sind zwar historisch verständlich, aber spätestens seit den 70er Jahren hat sich gezeigt, daß sie diese Vorstellung keiner gesellschafts-theoretischen Analyse standhält. Denn immer wächst das Neue auf den Schultern des Alten. Auch in den Avantgarden läßt sich dies nachweisen. Revolutionen gibt es nicht, sie sind Fiktionen, oft bequeme. Die wirkliche Arbeit ist eine Tätigkeit von langer Dauer: sie ist eine komplexe Kultur.

Das Ruhrgebiet ist ein historisches Erfahrungs-Feld, in dem sich die Geschichte dieses Jahrhunderts in exemplarischer Weise zeigt - mit ihren Irrwegen und mit ihren Erfolgen. Und mit ihrer Fülle an Ambivalenzen.

Eine solche kulturelle Analyse kann zu anderen künstlerischen Gestaltungs-Vorstellungen führen.

Folgen wir der Argumentations-Kette dieser Untersuchung, dann gibt es nun eine weitere Aufgabe im Ruhrgebiet. Die vielen Stätten, vor allem der IBA, wollen belebt und beseelt werden.

Dieser Prozeß steht erst in der Anfangs-Phase. Und er ist vielschichtig. An vielen Stellen gibt es vorhandene Notwendigkeiten, dann ist alles ganz einfach. An weiteren Orten latente Bedürfnisse, die sich von selbst regen. Und es gibt auch Tiefen-Schichten, die erst erschlossen werden müssen.

Die Stichworte, die dazu gehören, sind zunächst jedermann geläufig, aber sie haben ein schwieriges Leben in der Gesellschaft: Leben, Atem, Wärme, Zuwendung, Liebe, Flug der Gedanken, Vielfalt, Gedächtnis, Phantasie, Antizipation, innere und äußere Wege der Gedanken.

Mitten in der Gesellschaft herrscht immer noch die lebens-feindliche Polarisierung von kurzatmigem Nutzen und weitem Atem. Die Intelligenteren haben inzwischen begriffen, daß auch die Wirtschafts-Gesellschaften viele Menschen brauchen, die Phantasie entwickeln. Daß Arbeit und Leben sich nicht feindlich gegenüberstehen müssen. Und daß es gilt, die Zeit vor und nach der Arbeit nicht dem kurzatmigen Konsum zu überlassen, sondern Sinn-Strukturen zu entwickeln. Dies nennen sie Kultur.

Und sie sprechen folglich auch von Kultur der Arbeit. Die IBA versucht dafür eine Atmosphäre zu schaffen - mit dem Ziel, Gewerbe anzulocken, die in einer Wechsel-Beziehung Arbeit, Leben, Phantasie integrieren und entwickeln.

Wie stets in der Geschichte sind in einer solchen Lage einige Personen notwendig, die zu handeln beginnen. Dazu gehören auch Wissenschaftler und Künstler.

Ich möchte von einem wichtigen Ereignis berichten. Im September 1994 kam der italienische Film-Autor und Dichter Tonino Guerra ins Ruhrgebiet. Er wurde berühmt durch seine Zusammenarbeit mit De Sica, Antonioni, Fellini, Taviani, Rosi, Tarkovskij, Anghelopoulos und zuletzt Wenders.

Die Städte Troisdorf (bei Bonn) und Unna (bei Dortmund) hatten Tonino Guerra eingeladen. 1988 bis 1990 hatte in Unna der Kultur-Dezernent Axel Sedlack eine Kulturelle Stadtbauhütte unterhalten. Diese beschäftigte sich in Zusammenarbeit mit Tonino Guerra und Gianni Giannini mit Poetischen Orte.

Zugrunde lag die Überlegung: Wir können dem Städtebau und der Architektur noch eine weitere Dimension aufsetzen, eine Poetik innerhalb der Szenerien, in denen wir leben. Dies wird nun auch im Ruhrgebiet ein Thema.

Tonino Guerra und Gianni Giannini haben in ihrer Heimat zwischen Rimini und dem Hoch-Appennin eine Kette solcher >Poetischer Orte< geschaffen.

Tonino Guerra: "Es gibt in jeder Stadt magische Orte, die faszinieren." Der Ort ist zugleich

Ereignis und Gedanke. Er ist Bild und Wort. Das Wort selbst ist auch Bild. "Daraus folgere ich," sagt der Dichter, "wir sollen das Ereignis auch sprachlich formulieren." Als Film-Autor ist er der Großmeister dieses sprachlichen Formulierens. Es gelingt ihm oft mit einem einzigen Satz. Ihn faszinieren Doppel-Bedeutungen der Sprache.

So schufen sie quer durch die Stadt Santarcangelo di Romagna den >Pfad der Gedanken< (>Il sentiero dei pensieri<). Dort entstand mit einer Fülle von Ideen die rasch berühmt gewordene kulturelle Gaststätte der >Sangiovesa< (>La Sangiovesa<). Und das kulturelle Hotel della Porta.

Durch das Marecchia-Tal führt die >leuchtende Reise< (>Il viaggio luminoso<). >Die Straße des Pferdes< (>La strada del cavallo<) wird angelegt. Mit bestimmten farbigen Blumen-Feldern entsteht im Frühjahr >das angemalte Tal< (>La Valmarecchia colorata<). Heu-Ballen der Ernte werden eine Zeit lang wie antike Säulen aufgetürmt - als >Großgriechenland des Marecchia-Tales< (>La Magna Grecia del Valmarecchia<). Auf einem Platz entstand >die Marecchia als ein Baum, der Wasser sprüht< (>Il Marecchia è lalbero d'acqua<). In einem ausgeraubten Steinbruch wird >der versteinerte Garten< (>Il Giardino pietrificato<) gestaltet. Eine verlassene Kirche wird die >Kirche des Pferdes< (>La chiesa del cavallo<). Ein <Friedhof der Namen> (>Il cimitero dei nomi<) entsteht - für alle Menschen, kein Ort der Trauer, sondern der Fröhlichkeit.

In seinem Wohnort lassen acht eigentümliche Sonnen-Uhren (>Pennabilli delle meridiane<) über die Zeit nachdenklich werden. Sie führen zum >Garten der vergessenen Früchte< (>Orto dei frutti dimenticati<). Hier finden wir >den Bogen der Geschichten aus den Augen der Kindheit< (>Larco delle favole degli occhi dell'infanzia<).

In diesem Garten gibt es den >Pfad der farbigen Gedanken< (>Il sentiero dei pensieri colorati<). Wir sehen Totem-Pfähle mit Texten: "Auch ich könnte langweilig werden, wenn ich es nicht schon wäre." ("Anchio potrei diventare noioso se non lo fossi già.") - "Ich habe nie die Zeit, alle Briefe zu beantworten, die ich mir schreiben werde." ("Non ho mai tempo di rispondere alle lettere che mi scriverai.") - "Das Geräusch eines Blattes, das im Herbst herabfällt, macht dich taub. Denn mit ihr stürzt ein Jahr herab." ("In autunno il rumore di una foglia che cade è assordante. Perchè con lei precipita un anno.") - "Man weiß nicht wohin und rennt sofort los." ("C'e chi non sa dove andare e sta correndo per andarci subito.") - "Oft sind unsere Schultern der Horizont." ("Spesso l'orizzonte è le nostre spalle.")

Worum geht es in den poetischen Orten? Sie öffnen die Augen - für Dimensionen die da sind. Auf dieser Welt ist nichts banal - außer unserem Blick. Meist haben wir jedoch einen ziemlich banalen Blick. Das Spiel der Poetik besteht darin, immer wieder den Blick zu öffnen. Ein guter Künstler gibt dem Zuschauer einen Blick.

Dies entführt die Menschen nicht aus der Wirklichkeit, sondern überhaupt erst in den Kern des Lebens: "Ich möchte überhaupt nicht, daß ihr das alles nur als Poesie lest," sagt Tonino Guerra. "Sondern: mit all dem will ich euer Leben verändern, ich möchte euch dorthin bringen, woran ihr gewöhnlich nicht denkt."

Er gibt ein Beispiel: "Wenn ihr dann an Türen vorbeilauft, dann erinnert euch daran, daß sie gelebt worden sind. Mit diesen Dingen, die ihre Eigentümlichkeiten haben, möchte ich euch zeigen, daß ihr die Welt anders anschauen könnt.

Poetische Orte sind Stätten, wo jemand keine Wunder erwarten darf, sondern wo ein Mensch sich selbst findet. Sie sind so etwas wie Spiegel. In ihnen entdeckt einer plötzlich etwas von sich selbst."

Tonino Guerra, der alle großen Preise des Films und auch viele literarische gewonnen hat, ist ein Künstler, der sich nicht auf sein erfolgreiches Metier beschränkt hat. Sondern er hat sich eingemischt: Er wollte nicht passiv zusehen, wie eine ganze Landschaft immer mehr verfiel, ausgeplündert wurde, vereinsamte. So schuf er mit Gianni Giannini und vielen Freunden >poetische Orte<. Das ist eine leitbildhafte

Tat eines Künstlers, die wir nicht hoch genug veranschlagen können.

Der Erfolg? Die Buchhändlerin eines entfernten Ortes sagt mir: "Diese Gegend galt lange Zeit als tot, da ging niemand mehr hin - und jetzt sprechen sehr viele Menschen davon." Der wirtschaftliche Aspekt ist mit Händen zu greifen: es gibt wieder Konsolidierung und neue Investitionen. So hat das scheinbar Ohnmächtigste, die Poetik, etwas bewirkt.

Kunst ist also in der Lage, regional-strukturell zu arbeiten.

Dies gilt auch für ganz normale Gegenden und läßt sich überall realisieren.

Tonino Guerra: "Wir wollen eigentlich überall, nicht nur da, wo eine Gegend heruntergekommen ist, sondern auch dort, wo man sehr gut lebt, nicht im Komfort zu ersticken, sondern uns selbst als Menschen zu entdecken. Ein Beispiel: Das erste, was ich geschaffen habe, ist der >Garten der vergessenen Früchte<. Das ist eine Stätte mit siebzig Bäumchen, wo ich den Geschmack wiederfinden kann, den der Großvater und der Vater hatte. Das heißt: wir begegnen dort der Vergangenheit der Menschheit."

Im Ruhrgebiet besucht der Film-Autor als erstes das Hüttenwerk Meiderich. Es ist stillgelegt. Die gigantische Anlage dient nun der Bevölkerung. Er kommt zu großen runden Pfeilern, bleibt stehen und sagt: "Das Land der Pharaonen!"

Was geschieht durch das Wort? Natürlich weiß jeder, daß das nicht die Pharaonen sind. Aber es beginnt ein innerer Prozeß. Die Szenerie erhält durch die Bezeichnung, die sie benennt, sie interpretiert und Assoziationen weckt, sofort eine erweiterte Bedeutung. Wir geraten in Dimensionen von größerer Reich-Weite.

In der Landschaft und in der Architektur gibt es einen Bereich, der zu erschließen ist: das ist die Schrift. Herkömmlich waren Architekten völlig puristische Leute, die sagten: >Bauen ist Architektur - das genügt<. Der Landschafts-Planer sagt: >Landschaft - das genügt<. Der Künstler sagt: >Visuelles - das genügt<. Aber dürfen wir die Dimension der Schrift bloß den Straßen-Namen und der Reklame überlassen? Die Kraft der Sprache liegt darin, die Welt zu öffnen.

Der Film-Autor sagt: "Mir gefällt es, sinnhafte Sätze zu sammeln. Das ist schön, denn die Erde wird durch Banalitäten umgebracht. Das wirkliche Leben aber entsteht in der Poetik.

Es ist leicht, das wirkliche Leben zu machen. Aber in der Schule lernen die Kinder etwas ganz anderes. Und dann denken sie, die gelernten Sachen wären die besseren. Es ist ja richtig, daß sie vieles lernen. Wir brauchen auch Techniken für unser Leben. Aber wenn dies nicht im Zusammenhang gelernt wird, gibt es dann viele Menschen, die nicht zu leben wissen. Ich selbst habe in der besten Weise gelebt, nicht immer, aber meist."

Poetische Stätten erschließen Tiefen-Dimensionen. In der Zeche Zollverein 12 in Essen-Katernberg ruft Tonino Guerra doppelsinnig: "Das ist eine Zeche? Was wurde da gefördert? Nur Kohle?"

Dann fügt er hinzu: "Was macht man mit einem Baudenkmal, das so schön ist? Dieses Werk ist wie eine schöne Frau. Du kannst an ihr nichts mehr verbessern. Daher kannst du sie nur noch streicheln.

Dies ist moderner, als man denken könnte. Es reicht über das Jahr 2 000 heraus und hat eine Modernität, die nie endet."

Dann kommt der alte Mann zu dem Thema, das ihn ständig beschäftigt: Zur Erinnerung. "Diese Zeichen der Zeitlichkeit darf keiner, der das Land regiert, versinken lassen. Jedesmal, wenn er ein solches Zeugnis verliert, verliert er sich selbst. Denn auch wir werden Geschichte."

Die Architektur erzählt visuelle Geschichten.

In der ältesten Arbeiter-Siedlung des Ruhrgebietes, in Eisenheim, wird das >Museum der Straßen-Steine< (>Il museo dei paracarri<) entwickelt: eine Spirale mit vielen >Pollern<. Jede Stadt hat andere.

Am Fuß von jedem Objekt steht ein Text. >Dieser Stein beschützt dich vor etwas, was größer ist als du<. - >Dies sind die Symbole der Geschichte der Stadt: wie verteidigt sie sich gegen die Bewegung und gegen die Motoren. Und wie repariert sie sich<. - >Dieser Stein verteidigt die Gedanken<. Auch die Kinder können damit spielen. Aus jeder Stadt kann auch ein Gedanke kommen, von einem Schriftsteller oder von irgendeinem Menschen. Tonino Guerra gibt ein Beispiel: "Ein Freund sagte mir einmal: >Zu einem Hund, der Geld hat, sagt man: Herr Hund!"<

In Eisenheim entsteht auch der >Wald der Tauben-Häuser<. Zwölf Personen bauen sie - mit aller Phantasie, die sie mit ihrer Unterschiedlichkeit aufbringen.

Es entsteht die >Straße der Stimmen von Kindern< (>La strada voce dei bambini<). Und die >Straße der Stimmen von Großvätern< (>Strada voce dei nonni<). Dann eine >Straße der jungen Verliebten< (>Strada voce dei giovani inammorati<) und eine >Straße der alten Verliebten< (>Strada voce dei vecchi inammorati<). Und die >Wege der großen Gefühle< (>Strade dei grandi sentimenti<).

Alfred Schmidt arbeitet an einem großen Projekt: er will die Abraum-Halde eines Kohlen-Bergwerks völlig durchschneiden - mit einem Tunnel. Auf ihm wird ein schräggestellter Raum ausgebaut - genau so, wie früher die mit Holz ausgebauten Flöze aussahen.

"Das wird ein Denkmal für die menschliche Intelligenz und der Fähigkeit, viele Erfahrungen zu bündeln - zu einem Ergebnis, zur planmäßigen Erfahrung. Und es sind Erfahrungen, die auch mit Leben bezahlt wurden." Alfred Schmidt will die Menschen zeigen - mitten in der Technik. "Da denke ich an die Katakomben." Für die Werte und Leistungen der Väter soll es ein Gedächtnis geben.

Im Ruhrgebiet gibt es eine breite Substanz an Geschichte und Kultur. Sie kann durch die >poetischen Orte< intensiviert werden. Solche Stätten sind auch ein kultur-touristisches Angebot.

Dies wiederum dient der Entwicklung der Region: ihrer inneren Konsolidierung, der Intensität und Freude am Leben, der Entwicklung der Phantasie-Potentiale. Längst haben viele Menschen erkannt, daß ein erfülltes Leben kein Luxus mehr ist, sondern notwendig und im erweiterten Sinne nützlich.

Damit verbinden sich dann in einem produktiven Sinne Wirtschaft und Kultur. Eins bedarf des anderen. Nach der kruden Phase der Industrialisierung können wir jetzt die Kultivierung der Wirtschaft betreiben. Denn manche Wirtschafts-Zweige vermögen sich erst durch kulturelle Potentiale zu entwickeln. Und wo wir wirtschaftlich gut leben, möchten wir es auch menschlich haben.

Literatur

Zur Stadtplanungs- und Kultur-Geschichte des Ruhrgebietes:
GÜNTER, Roland
    1994 Im Tal der Könige. Ein Reisebuch zu Emscher, Rhein und Ruhr. (Klartext-Verlag) Essen.

Zu Tonino Guerra:
GÜNTER, Roland
1994 Kulturelle Stadtutopien. (Klartext) Essen. (Vorträge; Poetische Orte von Tonino Guerra; Ideen-Bücher der Kulturellen Stadtbauhütten Unna und Altenburg).

Zum Zusammenhang von kultureller Tradition und Avantgarden:
GÜNTER, Roland
1992 Die holländische De Stijl-Gruppe und die 1992 Konstruktion der Utopie. In: Hubertus Gaßner/Karlheinz Kopanski/Karin Stengel (Hg.), Die Konstruktion der Utopie. Ästhetische Avantgarde und politische Utopie in den 20er Jahren. (documenta Archiv/Jonas Verlag) Marburg. 163/173.

Zu Tonino Guerra:
GÜNTER, Roland
1991 Kulturelle Stadtutopien. (Klartext) Essen (Poetische Orte).
GUERRA Tonino - ROLAND Günter
1992 Aufbruch in Troisdorf. Am Rhein begann das Werk des Dichters und Drehbuch-Autors Tonino Guerra. Herausgegeben vom Kulturamt der Stadt Troisdorf zu den Landeskulturtagen Nordrhein-Westfalen 1992. (Klartext) Essen (Poetische Orte).

Zur Internationalen Bauausstellung (IBA) Emscher Park:
Beispiele für Logistik, Potential-Denken, Ressourcen-Politik.

1994 In: Martin EINSELE / Michael PETEREK /
Ronald KLEIN-KNOTT (Hg.), Stadt im
Diskurs. Beiträge zur aktuellen Städtebau-
diskussion. = Karlsruher Städtebauliche
Schriften Band 5. Karlsruhe, 39/50.

Förster im Park. Ein Gespräch über die In-
ternationale 1994 Bauausstellung (IBA)
Emscher Park und was man daraus lernen
kann. In: Neue Landschaft, werkundzeit
Perspektiven 2. Beiträge zur Zukunft der
Moderne. Herausgeber: Deutscher Werk-
bund e. V. Frankfurt (Verlag Jochen Rahe)
Walldorf, 13/31 (Gesprächs-Partner: Micha-
el Bräuer, Karl Ganser, Roland Günter,
Haardt-Walter Hämer, Lorenz Rauten-
strauch, Gerhard Seltmann, Walter Siebel,
Christiane Thalgott; Redaktion Jochen
Rahe). - Im Tal der Könige, siehe oben.

Denkweisen über Gegenstände

TAMÁS HOFER (Budapest)

Der vorliegende Text ist ursprünglich zu einer Diskussion gefaßt worden, die die sich ändernde Funktion der Museen als Gegenstand hatte.

Während ich diese Studie der Erinnerung an Ernő Kunt zu widmen beabsichtigt habe, ist mir eine Verszeile von Theophile Gautier eingefallen:"Die Statue überlebt den Menschen." Die Gegenstände, eventuelle Gruppen von Objekten können uns alle überleben und von uns- vielleicht auch - zeugen. Es fällt mir ein Gespräch ein, als ich mich mit Ernő an einer sonnigen Stelle des Karstgebietes bei Aggtelek über die Verflechtungen zwischen dem menschlichen Leben und den Gegenständen unterhalten habe.

Die Zusammenhänge zwischen Menschen, Gegenständen, Museen sollen in der vorliegenden Studie aufgrund zweier Hypothesen erörtert werden. Es wird angenommen, daß jede Gesellschaft ein spezifisches Verhältnis zu ihren eigenen Gegenständen hat, wobei dieses Verhältnis von dem Verhältnis der früheren und späteren Gesellschaften oder der anderswo lebenden Gesellschaften zu ihren Gegenständen abweichen kann. Die Archäologen erwähnen "Objekt-Populationen" bei den einzelnen Schichten der bestimmten Fundstellen, welche Bezeichnung sich auf alle dort aufgefundenen von Menschen gefertigten Dinge bezieht. Mit gewisser Abstraktion können wir uns sogar die "Objekt-Population" der lebendigen Gesellschaften vorstellen. Die in Unmengen vorhandenen Gegenstände können eine mannigfaltige Zusammensetzung aufweisen. Innerhalb der Population erscheinen verschiedene - individuelle, familiäre, zu kleineren oder eben zu größeren Gemeinschaften gehörende - Objektgruppen. Dennoch können wir (eventuell) annehmen, daß es in den Beziehungen der Menschen zu den einzelnen Dingen, in der Denkweise der Menschen darüber doch gewisse gemeinsame Züge bestehen, es gibt daher einen Diskurs in Bezug auf die gemeinsamen Gegenstände (der von dem Objekt-Diskurs anderer Gesellschaften abweicht).

Die andere Hypothese besagt, daß die Museen - seit dem sie überhaupt bestehen - wichtige Institutionen der Reflexionen der einzelnen Gesellschaften auf die Gegenstände sind. Bei der Untersuchung der sich ständig verändernden Funktion der Museen kann daher auch die Frage gestellt werden, in was für einen "Objektdiskurs" sie sich eingefügt haben. Eine weitere Frage kann etwa lauten, was für ein Zusammenhang besteht zwischen der Änderung der Denkweise über die Gegenstände (und natürlich selbst über die Objektwelt) und der Änderung der Museen. Die obigen Bemerkungen gelten besonders für die ethnographisch-antropologischen Sammlungen. Zur Darlegung des Zusammenhanges zwischen Denkweise über der Gegenstände und den ethnographisch-antropologischen Museen möchte ich nachfolgend einige skizzenhafte Beispiele aufführen.

"Materielle Kultur" in der Antropologie

Zur Bezeichnung der Gesamtheit der von Menschen hergestellten Sachen hat die Antropologie des 19. Jahrhunderts den Begriff der "materiellen Kultur" eingeführt. Das paßte in die Gedankenwelt der Zeit ein. Die Menschen hatten das Gefühl, daß sich die Wissenschaft und Technik in ihrer Zeit sehr rasch entwickelt, so daß sie in einer sich immer erweiternden Umgebung von zweckmäßigen Gegenständen leben. Laut Asa Briggs war für das 19. Jahrhundert die "exaltation of the World of Things" charakteristisch (Briggs 1988.). Diese Weltauffassung widerspiegelte sich in den Weltausstellungen - die erste wurde in London 1851 veranstaltet -, die Demonstrationen von neuen Gegenständen und Techniken waren. Diese Zeitperiode hat die Gedanken der Progression, der Evolution entdeckt und akzeptiert, dadurch wurde die Aufschließung der geologischen, archeologischen Vergangenheit ein Beweis des Prozesses, der andererseits eine glänzende Zukunft versprach. (Bowler, 1989.) Es läßt sich sehr gut in dieses Bild hineinpassen, daß General Pitt-Rivers (der sich ursprünglich für die Entwicklung der Schießgewehre interessiert hatte) um 1850 herum begonnen hat, die Gebrauchsgegenstände der Völker der Erde ziu sammeln. Diese universelle Sammlung hat quasi die einstige Art und Weise der technischen Vervollkommnung typologisch und entwicklungs-chronologisch angeordnet dokumentiert (Stocking 1985, Chapman 1985).

In den typologischen Reihen konnten die archoläogischen Funde mit den Gegenständen der Stammesgesellschaften und sogar mit den einfachen Gebrauchsgegenständen der europäischen Bauer verbunden werden. Anläßlich der ersten Generalversammlung der Ungarischen Ethnographischen Gesellschaft 1889 hat der Redner vorgetragen, daß unter den Gegenständen der ungarischen Bauer die Erbe verschiedener historischer Zeitalter, als geologische Schichten nachgewiesen werden können, dementsprechend könnten diese Gegenstände Informationen über Urgeschichte, und Geschichte des Magyarentums vermitteln. Durch die einheitliche typologische, technologische Anschauung haben sich die Gegenstände verschiedener Epochen und Gesellschaften quasi zu einem riesengroßen, zusammenhängenden Prozeß eingeordnet. Es ist typisch für die gewerblich-technologische Gegenstandsauffassung der Epoche, daß auch die Volkskunst der europäischen Bauer als Produkte des "Hausgewerbes" (d.h. eines eigenartigen Produktionsorganisations) entdeckt wurde - als solche sind diese Produkte zu den großen europäischen Ausstellungen zugelassen worden (so auch zur Wiener Weltastellung, 1873), zum Teil auch in die Museen (Deneke).

Der Gegenstand als Ware: Gegenstandssystem der Konsumentenkultur

Es ist merkenswert, daß die empirische Untersuchung der menschlichen Gesellschaften, die Soziologie sich in so geringem Maße mit den Gegenständen befaßte. Dadurch, daß die Aufmerksamkeit der Anthropologie anstelle der universellen Geschichte der Kultur der Struktur, dem inneren Funktionsmechanismus der einzelnen Gesellschaft zugewandt wurde, wurden die Gegenstände (als ein kulturelles System) in den Hintergrund gedrängt. Die Anthropologen, die nach dem 2. Weltkrieg in Europa Gemeindemonographien zusammengestellt hatten, beschäftigten sich kaum mit der sachlichen Umwelt der untersuchten Gemeinden.

Die sich aus der Frankfurter Schule seit den 30-er, 40-er Jahren entfaltete Gesellschaftskritik hat auf das entfremdete Verhältnis zwischen den Konsumenten des Spätkapitalismus und den zu Waren gewordenen Gegenständen aufmerksam gemacht. Die Kritik richtete sich gegen den Überverbrauch, die verschwenderische Ausnützung der Rohstoffe der Erde und die Eintönigkeit des Massenverbrauchs, sowie gegen die Abhängigkeit der großen Massen von den Marktmechanismen. Durch die fast übertriebene Geltendmachung dieser kritischen Anschauung hat Jean Baudrillard (1968, 1970, 1972 und Kellner 1989) das "System der Gegenstände" und die Konsumgesellschaft dargestellt. Bei ihm sind die Gegenstände kalt, unfreundlich. Haben Macht über Menschen: "einst hatten die Menschen Beziehungen zu anderen Menschen, dagegen haben sie jetzt Beziehungen nur zu Gegenständen". Der menschliche Gehalt der Gegenständen hat sich entleert. Die "traditionellen" Gegenstände waren noch immer zu Handlungen, Gesten bereit, haben auf menschliche Beziehungen hingedeutet, die Gegenstände der Konsumgesellschaft sind dagegen nur noch Zeichen, deren Gebrauchswert nicht einmal zu beachten ist. Sie deuten auf gesellschaftliche Positionen hin und drücken aus, inwiefern mit dem durch den Verbrauch diktierten Tempo Schritt gehalten wird. Die Gegenstände führen eine neue Moralität ein, "die Gegenstände konstruieren selbst die Gesellschaft."

Die die Konsumgesellschaft untersuchende Anthropologen haben zuerst nachgewiesen, daß die Herstellung, der Austausch, der Verbrauch der materiellen Güter nur innerhalb eines kulturellen Matrixes verständlich sind (Sahlins 1976, Douglas-Isherwood 1979, Appadurai 1986, Featherstone 1987). Sie haben darauf hingewiesen, daß die Grenze zwischen "Überverbrauch" und Verbrauch historisch veränderlich und immer umstritten ist, und das, was einmal als Luxus verurteilt wurde, könne sich in die tagtägliche Routine gut einpassen (Löfgren 1990). Das große Buch von Pierre Bourdieu, in dem er die Gliederung des sozialen Raumes in Frankreich und vor allem die Lage der Lebensstile der Klassen, Klassenfragmente skizziert, stellt etwa auch dar, wie die unterschiedlichen, gesellschaftlich determinierten Verbrauchskulturen und sachliche Umwelte, die demselben Werbungsstrom,

Massenkommunikations-Propagandasystem ausgesetzt sind, innerhalb einer nationalen Kultur aus-
gestatten werden (Bourdieu 1984).

Die Nicht-Waren-Komponente der kulturellen Persönlichkeit der Gegenstände

Es darf gefragt werden: Kann man mit Hilfe
der die Gegenstände als Waren, ihre Besitzer
und Gebraucher als Konsumenten betrachtenden
Auffassung "das System der Gegenstände" in
seiner Gesamtheit ergreifen? Was bleibt in diesem Modell, in den Funktionen, Bedeutungen
der Gegenstände, "in ihren kulturell konstruier-
ten Wesen" aus?
Igor Kopytoff hat diese Frage zeitlich so formuliert: Wann kommt die Warenrolle im Le-
benslauf der einzelnen Gegenstandsexemplare
zur Geltung? Nach seiner Meinung ist der Wa-
ren-Status des Gegenstandes nur in dem Augen-
blick unbestritten, in dem er tatsächlich verkauft, getauscht wird - er ist jedoch überwie-
gend außerhalb von der Waren-Sphäre (Kopytoff 1986: 83). Zahlreiche Sachen sind "sich
beendende Waren" (terminal commodity): sie
werden verzehrt, verbraucht und dann ist Schluß
damit. Die meisten Gegenstände für dauerhaften
Gebrauch - Kleidungsstücke, Möbel, Geschirr,
Kunstgegenstände - werden nicht mehr zu Waren, sie erscheinen nur selten auf dem Ge-
brauchtwarenmarkt. Im Laufe ihrer weiteren
Karriere gelangen sie eventuell durch Verschen-
ken, Vererbung zu neuen Besitzern, sie werden

umgestaltet, oder ausgeschmissen. Die Gegenstände, die ursprünglich vielleicht charakterlose Stücke einer homogenisierten Warenwelt waren, bekommen manchmal nach dem Erwerb einen eigenartigen Charakter, werden singularisiert (singularization), neben dem summenmäßig ausdrückbaren Wert erhalten sie eine persönliche Bedeutung, einen persönlichen Wert. So kommen auch im Sachenbestand eines heutigen Haushaltes solche "heilige" Sphären, z.B. Familienschmucksachen, Gedenksachen der Vorfahren, Portraits vor, deren Verkauf als eine Schande betrachtet wäre. Als eine Parallele zu dem Rangunterschied zwischen den Gegenstandskategorien zitiert Kopytoff die von Paul Bohannan aus der Wirtschaft der Tiv beschriebenen drei Tauschsphären (l. Bedarfsartikel 2. Prestigegüter 3. Rechte auf Menschen), in welchen drei Sphären sich die Tauschvorgänge abspielen, zwischen welchen jedoch es zu keinem Tausch kommen kann bzw. nur nach oben, in Richtung der höheren Sphären. Der Tausch nach unten ist in allen Fällen schandvoll.

Kopytoff interessiert sich nur für die Karriere des Gegenstandes als Ware, dafür jedoch nicht mehr, wie sich die einzelnen Ausrüstungen (in die der betreffende Gegenstand gekommen ist) organisieren, funktionieren. Er hat nur darauf hingedeutet, wie sehr unterschiedlich sich die Rolle, Bedeutung, die tagtäglichen Aufgaben, der Kreis der Benutzer usw. der Autos von demselben Typ gestalten können, wenn es von einen französischen Bauer, einem Mitglied der amerikanischen Mittelklasse oder von einem Navajo angekauft wird.

Ich glaube, die "andere Seite" der Konsumentenkultur, d.h. die aus den gekauften Gegenständen zusammengestellten persönlichen, familiären Sach-Universa in der nächsten Zukunft zu einem der hervorgehobenen Themen der Untersuchungen werden. Für die Gestaltung der Konsumentenkultur ist in den letzten Jahren scheinbar die fortschreiten der Segmentierung der Märkte sowie die unerhörliche Ausbreitung des Sortimentes der zu erzielenden Lebensstile charakteristisch. "Rather than unreflexively adopting a lifestyle, through tradition or habit, the new heroes of consumer culture make lifestyle a life project." (Featherstone 1987:59). Gerade durch diese Interesse ist es bedingt, daß zu den "heiligen Galerien" (Museen) Anbauten zugefügt werden zur Ausstellung der populären Kultur und daß es für die Intellektuellen neue Aufgaben, Rollen bedeutet, die große Mannigfaltigkeit der kulturellen Produkte zu erläutern, die jetz für ein neues Publikum zugänglich wird und sich in die Lebensstile einpassen läßt.

In der Periode nach "Untergang des Menschen im öffentlichen Leben" (Sennett 1978), wo die Menschen ihr Lebensziel nicht mehr in der Umgestaltung der Gesellschaft und auch nicht in ihrer am Arbeitsplatz durchgeführten Arbeit suchen, privatiseren sich immer mehr die persönlichen Lebensstrategien, sie richten sich nach Aufbau der "kleinen Welt" des áuhauses und der Familie (Frykman 1989, Gullestad 1989). "Das Zuhause wird zu einem die kompensierende Freiheit anbietenden, geschützten Asyl für das entfremdete Individuum... In diese Geschichte treten die Marktkräfte hinein und beuten die Bedürfnisse und Sorgen der Menschen erfolgreich aus." Der Aufbau des Zuhauses hat ja nie eine Ende, das ist ein Familienprojekt, das selbst die Familie aufbaut und zugleich als Arena zur Außerung der künstlerischen Bestrebungen und der Spiellust funktioniert (Löfgren 1990:32). Wenn man dieses gemütliche skandinavische Daheim mit der von Georges Perec und Jean Baudrillard (in den 1960-er Jahren) beschriebenen Wohnung vergleicht - in welcher "sich durch die Mode zu transzendent gewordene Gegenstände befinden" und "ein vollkommener kultureller Terrorismus herrscht" (Baudrillard 1968:236) - stellen sich sowohl die Veränderunger der Benutzung der Gegenstände, wie auch die Veränderung des Diskurses der Beobachter dar.

Was mir persönlich, nach meinem eigenen Ethnographen-Hinterland aus diesen sich auf Zuhausen, Gegenstandsensembles beziehenden Modellen fehlt, das ist gerade das materielle, gegenständliche Qualität der Sachen. Csikszentmihályi und Rochberg-Halton (1981) haben zum Beispiel in ihrer die psychologische Bedeutung der Haushalt-Gegenstände und der Wohnungseinrichtungen behandelnden bahnbrechenden Studie sehr differenzierte. Fragen bezogen auf den Erwerb, die entsprechenden individuellen Erinnerungen der einzelnen Gegenstände gestellt, den Gebrauch der Gegenstände haben sie jedoch gar nicht analysiert (z.B. benutzt man den betreffenden Stuhl? Wer? Wann? usw.)

Abstecher: Konsumstrategien in Osteuropa (1988-89)

Die Untersuchung der Gegenstandsensembles, Gegenstandspopulationen kann auf je eine Familie, je eine Wohnung bezogen werden - sie kann aber auch auf einen ganzen Kontinent erweitert, oder sogar global betrachtet werden. Diese breite Sicht kann uns ebenfalls zu Konsequenzen über die Beziehung zwischen Menschen und Gegenstände verhelfen. Seit langem kennt man den sich zwischen Kulturen abspielenden, interkontinentalen Verkehr der Gegenstände (z. Bp. Rheims 1960, Curtin 1984). Die moderne Welt bietet zahlreiche Beispiele auch zu Übernahme, Verbreitung der Konsummuster. Die Untersuchungen von Miller und Wilk haben zum Beispiel in karibischen Gesellschaften nachgewiesen, daß das unterschiedliche Verhältnis zu den "westlichen" Verbraucheridealen und Gegenständen differenzierte nationale Modernisationsprogramme ausdrücken können (Miller 1990, Wilk 1990). Betrachtet man die ganze Welt als einen zusammenhängenden "sozialen Raum", kann man die Mobilität von nationalen Gesellschaften darin beobachten. Wie innerhalb der französischen Gesellschaft das Beispiel der über Klassengrenzen "Fahrenden", "Reisenden", den lokalen sozialen Wert der "Lebensstile" besonders prägnant beleuchtet, genauso können diese

Gesellschaften "unterwegs" auf Verbraucher-Aspirationen, Prozeße, die manchmal politischen Bewegungen von weltgeschichtlichem Maßstab mitbestimmen, hinweisen. Solche "fahrende" (laut der Wirtschaftsindexe sich im raschen Niedergang befindliche, ihren Programmen nach sich emporzuheben versuchende) Gesellschaften sind zur Zeit die in Osteuropa.

Der Verbrauch in den sozialistischen Ländern (und damit der zugang zu den Gegenständen, z.B. Erwerb und Einrichtung von Vdohnungen) wurde weitgehend unter die unmittelbare Leitung des Staates gezogen. Das auf quasi-religiöser Weise geachtete sozialistische Modell hat Ende der 40-er und in den 50-er Jahren den Güterstrom großenteils praktisch geregelt und hat das Verbraucher-Verhalten, -Aspirationen der Menschen auf einer ideologischen, moralischen Ebene umgestalten wollen. Durch die zentralisierte staatliche Leitung der Wirtschaft kam der Käufer in den Marktsituationen in einen etwa unmittelbaren, persönlichen Kontakt mit dem Staat. Wenn die sonst nicht erhältlichen Südfrüchte wie Banane, Orange vor Weihnachten (oder vor einen Parteikongreß) auf dem Markt erschienen sind, hätte das als väterliche, gutmütige Geste des Staates empfunden werden können.

Bedingt durch die staatliche Leitung hat sich der Charakter des Marktes grundsätzlich verändert. Im Gegensatz zu dem die Vielfalt der Waren anbietenden kapitalistischen Markt entstand in der sich ergebenden "Mangelwirtschaft" (Kornai 1980) der "Nachfragemarkt". Darin fehlten immer mehr solche Artikel, über welche der Käufer jedoch wußte, daß sie dabei sein sollten. Das Erdulden der Armut, der Kargheit hätte durch das Zukunftsbild, die sozialistische Utopie und die den "hedonistischen Westen" verachtende "sozialistische Moral" kompensiert werden sollen.

Die für die ungarischen Staatsbürger allmählich liberalisierten Reisemöglichkeiten (und die besonders große Diaspora des Magyarentums und der hohe außerhalb der Staatsgrenzen lebende Bevölkerungsanteil) haben einen internationalen Vergleich ermöglicht. Die Gegenüberstellung mit den anderen sozialistischen Ländern war für Ungarn eine lange Zeit hindurch günstig. In Böhmen und in der DDR waren zwar das Nationaleinkommen und das Lebensniveau höher, das Sortimen ihres "Mangelmarktes" war jedoch geringer: Hinter dem "eisernen Vorhang" waren die sozialistischen Länder immermehr durch die Reisen des "Handelstourismus" verbunden, etwa so, wie die melanesischen Inselbewohner durch die Meeresfahrten des Kula-Ringes (Correspondent 1988). Diese Reisen haben gezeigt, was in den einzelnen Ländern zu bekommen ist und was nicht. Die Reisenden haben ihre "nationalen Artikel" jeweils mitgebracht, z.B. die Ungar, die nach Polen gefahren sind, haben Schokolade, Salami, kosmetische Artikel eingepackt und genauso wußte man, was mit nach Hause zu bringen ist: Bettwäsche, Handtücher, Glaswaren usw. Dieser Verkehr verlief illegal, die Zollbeamten, Polizisten haben oft sie plötzlich angegriffen. Um die Maßstäbe zu veranschaulichen:

1986 sind über 1 Million Pole in die sozialistischen Länder gefahren (ohne für die Fahrt die entsprechende Devisenversorgung bekommen zu haben).

Der Ausgleich der Ungar mit der Kádár-Regime in den 60-er und 70-er Jahren basierten zum Teil darauf, daß Ungarn sich als die "lustigste Baracke des sozialistischen Lagers" fühlen konnte. In den Geschäften konnte man englischen Wishky, französichen Cognac, Kosmetikartikel, japanischen Tonbandgerät kaufen, die Firmen Pierre Cardin und Adidas hatten Läden in Budapest. Der Durschnittsbürger konnte sich diese Waren nicht kaufen, selbst die Tatsache jedoch, daß diese Sachen im Lande gekauft werden können, verhalf die Ungarn zum nationalen Bewußtsein. In versteckten kleinen Dörfern in Siebenbürgen (Rumänien) haben die Mitglieder der ungarischen nationalen Minderheit die leeren Schachteln und Flaschen der in Budapest gekauften österreichischen und französischen Seifen, Haarsprays usw. als Ziergegenstände oben auf dem Schrank aufbewahrt, etwa als Ausdruck des ethnischen Stolzes, daß sie mit so einer Nation verwandt sind, wo auch diese mythischen westlichen Raritäten zu bekommen sind.

Es entstand eine überdimensionierte Mythologie um die wenstlichen Kunsumgüter herum. Die Standard-Einheit der in Rumänien den Behörden gegebenen "Geschenke" ist die Gold-Kent Zigarette geworden. Manchmal verschwand sogar die goldene Farbe von der Schachtel, sie ist nämlich durch 15-20 Hände gegangen. Der ursprüngliche Gebrauchswert der Ware ist in solchen Fällen tatsächlich in einen totalen Zeichenwert übergangen. Die Zigarette war nicht das Symbol eines bestimmten Lebensstils, sondern eines fremden politischen, sozialen Systems, von "Europa", von "Westen". (Sie war ein kleines Vorzeichen der Revolution.)

Kleine Gesamtbestände von Objekten

In unserer Zeit ist also eine aktuelle Forschungsaufgabe die Untersuchung des "Sachuniversums" einzelner Familien, einzelner Wohnungen. Die Daheime scheinen sich aufzuwerten; auch die Differenzen zwischen Zuhause und Arbeitsplatz werden dadurch immer milder, daß es - teilweise bedingt durch die moderne Informationstechnikimmer mehr Heimarbeiter gibt.

In der 50-er und 60-er Jahren habe ich mit Edit Fél zusammen die Struktur der familiären Sachbestände in den ungarischen Bauerndörfern untersucht (Fél-Hofer 1965, 1969a, 1969b, 1972, 1974). Diese Unternehmung war damals die Dokumentierung einer sich rasch verschwindenden, traditionellen Welt. Die damals erworbenen Erfahrungen aber geben vielleicht Stützpunkte zum Verstehen der Struktur unserer heutigen städtischen "Gegenstand-Universa". Die von uns ir der Organisierung der familiären gegenständlichen Ausrästungen gefundene Grundsätze wurden in einem, in 1979 erschienenen Aufsatz zusammengefaßt (Hofer 1979). Diese Thesen werden hier nicht wiederholt. Es werden nun einige Annäherungsmöglichkeiten und Fragen aufgezählt.

Es ist erstaunlich, vrie wenig Informationen man darüber hat, wieviel Gegenstände im Besitze einzelner Familien in verschiedenen Epochen, in verschiedenen gesellschaftlichen Positionen waren. Die Anzahl der Gegenstände war zwischen den beiden Weltkriegen in einem tratidionstreuen rumänischen Dorf um 250. Laut Moles und Wahl belief sich das Inventar eines mit Sachen überfüllten bürgerlichen Salons 1890 auf 186 Positionen, wogegen das eines "living room" in den 60-er Jahren nur auf 33 Stück (Moles-Wahl 1969). In den ungarischen Bauernhäusern hat man Gegenstände zwischen 109 und 1200 zusammengezählt. Innerhalb dieser "Gegenstandspopulationen" unterschieden sich je nach Stand und Funktion "Repräsentationsgegenstände", "Prestigegüter" und die alltäglichen Gebrauchsgegenstände. Das Zusammenzählen der Gegenstände hat ergeben, daß - zumindest in der "goldener Bauerzeit" (Löfgren) des 19. Jahrhunderts - die verschonten, feierlichen Gegenstände von ritualer Bedeutung bei den Dorfbewohnern in einer wesentlich größeren Anzahl vorhanden waren, als die alltäglichen Sachen. (Hofer-Fél 1979). auch die Verdoppelung der Gegenstände ließ sich beobachten, es wurde zum Gebrauchsgegenstand ein geziertes, zerbrechliches, etwa "derealisiertes", für den Gebrauch kaum geeingnetes Gegenstück hergestellt, z.B. eine Ziervariante des Schäferhakens, die nur in die Kirche, zum Amtsbesuch mitgebracht wurde. Vielleicht gerade in der Verdoppelung der Gebrauchsgegenstände (als zum Beispiel das Abbild der Steinaxt aus schönerem, jedoch weicherem Gestein für ritualen Gebrauch hergestellt worden war) lassen sich die Anfänge der Kunst erkennen (Read 1966).

In der Ausrüstung der Bauern entstanden individuelle Kreise aus den je nach Körperbeschaffenheit, Gewohnheiten der einzelnen Familienmitglieder eingestellten Werkzeugen. Ich glaube, diese sich nach Gebrauch, Gewohnheit, Geschmack richtende Separierung der "individuellen Gegenstände" läßt sich auch in den modernen städtischen Haushalten entdecken. Löfgren betont, daß die Einrichtung der Wohnung auch die Familie kontinuierlich "aufbaut", das bezieht sich auch auf die "individuellen" und trotzdem familiären Gegenstandskreise der Familienmitglieder (Löfgren 1990).

Wenn man die Ensembles der Gegenstände als Population, als Gesellschaft betrachtet, können wir anhand der Analogie der menschlichen Gesellschaft zahlreiche Organisierungsformen zwischen ihnen entdecken. Es bestehen die Verhältnisse der Über- und Unterordnung, Gegenstände, die gewiße Sachen zu bedienen, zu bewahren, sauber zu halten haben usw. Es gibt Gruppierungen je nach äußerer Form, Stil, Farbe. Es gibt Sachen, die den obigen Kriterien entsprechend sich in die Einrichtung eines Zimmers harmonisch hineinpassen und andere, die aus dieser Gesamtheit grell ins Auge springen. Anderen Gegenstandsgruppen wird durch die Anzahl eine die Vollkommenheit ausdrückende ästhetische Qualität gesichert, z.B. eine Garnitur aus 6 Stühlen, Teeservice aus 6-12-24 Stücken, Betwäschegarnitur usw. Diese Zahlen sind nicht die Richtzahlen des tatsächlichen Gebrauchs, sonder die kulturell bestimmten Stufen der Vollständigkeit. Daneben können verstümmelte Gruppen existieren, welche sich gerade deshalb in eine nachteilige Lage befinden.

Die Gegenstände sind im Stande weiters ein System zu bilden, je nach dem, was für Erinnerungen, individuelle Beziehungen sie symbolisieren, welche Lebensepisode, Fragmente einer Familiengeschichte heraufbeschwören, wie sie die Wohnung zu einem Narativum, zu einer Lebenserzählung machen, was für Geschichten über Familienmitglieder, historische Ereignisse, über nationale, religiöse, politische Gemeinschaften vermitteln. Wir alle sind sterblich - vielleicht manche Gegenstände werden unser Gedächtnis auch nach unserem Tode bewahren.

In der "Mikrowelt" dereinzelnen Wohnungen, in der Objektkollektion der einzelnen Familien wird so denjenigen Gegenständen, Objektgruppen ein Sonderstatus geliehen, welche an Personen, frühere Erlebnisse, vergangene Zeiten erinnern, auf gewisse Menschen,Theorien oder auf das Verhältnis zur überirdischen Welt hindeuten. Etwas oberflächlich, aus der Vogelperspektive gesehen können die Museumsammlungenals hervorgehobene,repräsentative Objektgruppen in der Objektmasse der einzelnen Gesellschaften ähnlich betrachtet werden.

APPADURAI, Arjun

    1986   Introduction: commodities ond the politics of value. In: Appadurai, Arjun (ed.): The social life of things. Commodities in cultural perspective. Cambridge UP. 3-63.

BAUDRILLARD, Jean

    1968   Le système des objets. Denoël-Gonthier, Paris

    1970   La societé de consommation, Gallimard, Paris

    1972   Pour une critique de l'économie politique du signe. Gallimard, Paris

BOURDIEU, Pierre

    1984   Distinction. A Social Critique of the Judgement of Taste. Cambridge, Mass., Harvard UP

BOWLER, Peter J.

    1984   The Invention of Progress. The Victorians and the Past. Basil Blackwell, Oxford

BRIGGS, Asa'

    1989   Victorian Things. The University of Chicago Press

CHAPMAN, William Ryan

    1985   Arranging Ethnology. A.H.L.F. Pitt Rivers and the Typological Tradition. In: Stokking, George W: (ed.): Objects and Others. History of Anthropology Vol.3. U. of Wisconsin Pr.ess, Madison 15-48.

A Correspondent

    1988   'Merchant tourism' in eastern Europe. The World Today, January 1988:16-18.

CSIKSZENTMIHALYI, Mihaly and Eugene ROCH-BERG-HALTON
   1981   The meaning of things. Domestic symbols and the self. Cambridge UP
CURTIN, Philip D.
   1984   Cross-cultural trade in world history. Cambridge UP
DOUGLAS, Mary and Baron ISHERWOOD
   1979   The World of Goods. W.W.Norton Co. New York - London
FEATHERSTONE, Mike
   1987   Lifestyle and Consumer Culture. Theory, Culture and Society Vol.4:55-70
FÉL, Edit - Tamás HOFER
   1965   Über monographisches Sammeln volks-kundlicher Objekte. In: Festschrift Alfred Bühler. Hrg. von Carl A. Schmitz, Robert Wildhaber. Basel. 77-92.
   1969a Proper Peasants. Traditional Life in a HungarianVillage. Wenner-Gren Foundation - Aldine Publ.Co. New York - Chicago
   1969b Das Ordnungsgefüge bäuerlicher Gegenstände am Beispiel der Aussteuer in Kalotaszentkirály (Siebenbürgen). In: Kontakte und Grenzen. Festschrift für Gerhard Heilfurth. Otto Schwartz, Göttingen. 367-384.
   1972   Bäuerliche Denkweise in Wirtschaft und Haushalt. Eine ethnographische Untersuchung über das ungarische Dorf Átány. Otto Schwartz, Göttingen
   1974   Geräte der Átányer Bauern. Kön. Dänische Akademie Koppenhagen- Akademieverlag, Budapest

FRYKMAN, Jonas

1989 A mindennapi élet, mint a kutatás tárgya a
svéd etnológiában (Alltagsleben, als Gegenstand der schwedischen etnologischen Forschung) Ethnographia (Budapest) Vol.
100:68-79.

GULLESTAD, Marianne

1989 Small Facts and Large Issues: The Anthropology of Contemporary Scandinavian Society. Annual Review of Anthropology
18:71-93.

HOFER, Tamás

1979 Gegenstände in dörflichem und städtischem
Milieu. Zu einigen Grundfragen der mikro-
analytischen Sachforschung. In: Wiegel-
mann, Günter (hrg.): Gemeinde im Wandel. Volkskundliche Gemeindestudien in
Europa. W. Coppenrath, Münster. 113-135.

HOFER, Tamás - Edit FÉL

1979 Hungarian Folk Art. Oxford UP

KELLNER, Douglas

1989 Jean Baudrillard. From Marxism to Post-
modernism and Beyond. Stánford UP

KOPYTOFF, Igor

1986 The cultural biography of things. In: Appadurai, Arjun (ed.): The social life of
things. Cambridge UP. 64-91.

KORNAI, János

1980 Economics of Shortage, North Holland
Publ. Co. , Amsterdam

KÖSTLIN, Konrad und Hermann BAUSINGER (hrg.)

1963 Umgang mit Sachen. Zur Kulturgeschichte
des Dinggebrauchs. Volkskunde-Kongreß in
Regensburg 1981. Regensburg.

LÖFGREN, Orvar
 1990 Consuming Interests. Culture & History (Copenhagen) Vol.7:7-36.
MILLER, Daniel
 1990 Fashion and Ontology in Trinidad. Culture & History Vol. 7:49-78.
PEREC, Georges
 1965 Les choses. Denoël, Paris
READ, Herbert
 1966 The Origins of Form in Art. In: Kepes, György (ed.): The Man-Made Object. George Braziller, New York. 30-49.
SAHLINS, Marshall
 1976 Culture and Practical Reason. The University of Chicago Press
STOCKING, George W.
 1985 (Introduction) In: Stocking, George W. (ed.): Objects and Others. Essays on Museums and Material Culture. History of Anthropology, vol.3.U. of Wisconsin Press, Madison. 3-14.
WAHL, Eberhard et Abraham MOLES
 1969 Kitsch and object. Communications 13: 105-130.
WILK, Richard
 1990 Consumer Goods as Dialogue about Development. Culture & History (Copenhanen) Vol 7:74-100.

Grabkreuze aus Gußeisen

NELLI KAINZBAUER (Enns)

Der Zufall führte, wie so oft in der Kleindenkmalforschung die Verfasserin auf Gußeisenkreuze, namentlich auf Friedhöfen.

Innerhalb zweier Jahre besuchte ich 170 Friedhöfe. Dabei mußte die Gleichheit vieler Objekte festgestellt werden. Im ländlichen Raum sind diese Gußeisenmale häufiger anzutreffen, fallweise findet man sie auch restauriert.

Da auch die Grabkultur Modeströmungen unterliegt, verloren die Gußeisenkreuze ihre Bedeutung und sind häufig in den Abstellecken der Friedhöfe zu finden.

Gußeisenkreuze sind zwischen ein und zwei Meter hoch und in einem Steinsockel, der profiliert sein kann und manchmal mit Initialen trägt, eingemauert. Das untere Ende des Kreuzes zeigt meist eine figürliche Darstellung, z.B.: Maria von einem Blumenkranz umgeben (Abb.7), Hl.Josef (Abb.1), eine weibliche Figur mit Kreuz oder mit Kreuz und Kelch (Abb.4u.6 Allegorie der Kirche oder des Glaubens) und viele andere Möglichkeiten.

Das Kreuz kann aber auch in einem Rauten-muster, einem pflanzlichen Motiv, sowie in Säulchen und Kapitell (Abb.:3) auslaufen.

Fast alle diese angeführten Enden des Kreuz-stammes sind mitgegossen. Daneben gibt es Fi-guren, die man anschrauben konnte. (Abb. 6) Angeschraubt ist auch der Corpus und die hin-ter dem Kreuzungspunkt der Arme angebrachten Strahlen (Abb. 2,3,4). Stilistisch sind diese Kreuze in der zweiten Hälfte des 19. Jhts. ein-zuordnen. Häufig sind Stilelemente der Gotik erkennbar. (Abb. 4, 6).

Durch die Erneuerung der Namenstafeln, oft durch Umbelegung des Grabes, geben sie uns keine Datierungshilfe. Tafeln wie auf Abb. 1-4 scheinen in die Entstehungszeit der Grabkreuze zu gehören. Sie zeigen Vorsatzstücke des Josefi-nismus. Die Kreuze selbst sind auf kunstvolle Art durchbrochen und vielfältig verziert. Die Arme Christi enden in Blumenmotiven, im Dreipaß oder anderer kunstvoll geformten Orna-menten. Nach einer Signierung sucht man ver-gebens, es gab ja um diese Zeit keinen Marken-schutz. Die Modelle mögen wohl unter den Gießereien ausgetauscht worden sein.

Bei weiterer Forschung waren Kreuze zu fin-den, die von oben geschilderter Form abweichen. Sie sind schlichter und weisen fallweise Jugend-stilelemente auf. Diese tragen meist eine Signa-tur oder Nummer. Sie kann man als die letzten Vertreter der Gußeisenepoche bezeichnen.

Die relativ kurze Zeitspanne dieser Grabkultur reichte von der Mitte des vorigen Jahrhunderts bis zur Zwischenkriegszeit. Erzeugt wurden sie vor allem in den großen Gießereien der Österreich-Ungarischen Monarchie wie z,B, Budapest, Munkacz, Blansko, Horowitz, Gu0werk bei Maria Zell u.a.m.

Dem Zug der Zeit folgend wurden aber auch in anderen Gießereien Europas Kreuze aus Gußeisen in jeder Größe hergestellt. Eine Zuweisung an eine der Gießereien ist unmöglich. Einen schwachen Anhaltspunkt gibt Maria-Zell. Dort sind im Heimatmuseum und am Friedhof noch Kreuze vorhanden, von denen man wohl annehmen kann, daß sie in der nahe gelegenen Gießerei gefertigt wurden.

Nach Stillegung der Produktion im Jahre 1898 waren die Kreuze weiterhin gefragt und fanden Nachahmer in kleineren Betrieben. Diese auszuforschen, ist kaum möglich.

In Katalogen der großen Eisenhandlungen aus den Jahren 1905, 1910, 1912 wurden Gußeisenkreuze alter Formen, leider ohne Angaben der Erzeugungsstätten, angeboten, Es wäre daher möglich, daß auch einige Maria-Zeller Kreuze aus der Zeit nach 1898 stammen.

Es scheint angebracht, die Entwicklung des Eisengusses kurz zu beleuchten. Das unentbehrliche Material Eisen spielt schon seit vorgeschichtlicher Zeit eine herausragende Rolle. Streng genommen, hat die Eisenzeit bis heute nicht aufgehört und eine technische Entwicklung ohne Eisen wäre undenkbar. Der Weg vom Schmieden zum Gießen war lang. Erst im 14.Jht. konnte man Gegenstände gießen. Als erstes waren es Geschützkugeln. Dann folgten Kamin und Ofenplatten, Öfen, Mörser, Rohre u.a. Ofenplatten mit figürlichen Reliefs. Dies kann man den Beginn des Eisengusses bezeichnen. Die Gußtechnik wurde durch die Erfindung des Kupolofens im 18. Jht. sehr verbessert. Er ließ ein größeres Schmelzgut und ein längeres Warmhalten desselben unter Verwendung von Koks zu. Hiemit war das Jahrhundert des Eisengusses eingeleitet, in dem es zu herausragenden Fabrikaten des industriellen Gusses und des Eisenkunstgusses kam. Medaillen, Bilderrahmen,Leuchter Reliefs, Büsten Statuen, Statuetten und Schmuck konnte man in Guß herstellen. Eine führende Rolle spielte Preußen mit einigen großen Gießereien. Dazu kommt noch, daß Friedrich Wilhelm III und seine Gemahlin Luise besondere Liebhaber des Eisenkunstgusses waren. Da sie namhafte Künstler für diese Tätigkeit gewinnen konnten, erfuhr dieser eine ungeahnte Verbreitung.

Bekannt ist der Spruch >*Gold gab ich für Eisen*<, der aus den Notzeiten der napoleonischen Kriege bis zum 1.Weltkrieg hinlänglich bekannt war.

Verständlich, daß die Beliebtheit des Gußeisens sich auch auf die Grabkultur breitete. Sie verdrängten die besonders in waldreichen Gegenden befindlichen Holzkreuze. In der Literatur

Abb. 1 *Seitenstetten Niederösterreich (Foto 1993)*

Abb. 2 *Steyr Oberösterreich (Foto 1993)*

Abb. 3 *Seitenstetten Niederösterreich (Foto 1994)*

Abb. 4 *Dietach in Oberösterreich (Foto 1993)*

Abb. 5 *Seitenstetten in Niederösterreich (Foto 1993)*

Abb. 6 *Seitenstetten Niederösterreich (Foto 1993)*

Abb. 7 *Gleink bei Steyr in Oberösterreich (Foto 1993)*

finden Gusseisenkreuze wenn überhaupt, nur am Rande Erwähnung. Da sie zwischen Industrie- und Kunstguß stehen, werden sie sehr abwertend beurteilt. Es haftet ihnen der Makel des Massenproduktes an, obwohl schließlich jedem Kreuz ein künstlerischer Entwurf zu Grunde liegt.

Die Periode des Eisengusses in der Grabkunst dauerte nur wenige Jahrzehnte. Trotzdem ist es sinnvoll diese Zeichen einer Epoche zu achten und sie sinnvoll weiter zu verwenden.

Literatur

FERNER, Helmut - GENEE Elfriede
1992 Kleinkunst aus Gußeisen, Brünn
ILLIG Udo
1972 Vom Kunsteisenguß in Österreich, Österreichs Berg-und Hüttenwesen in Gegenwart und Vergangenheit, Wien
PICHLER, Matthias
1963 Der Maria-Zeller Eisenkunstguß, Leobener grüne Hefte, Nr.65, Wien
SCHMUTTERMEIER Elisabeth
1992 Eisenkunstgußgerät-und schmuck, Eisenkunstguß, Ausstellungskatalog Wien

Zur Ikonographie
der Hl. Elisabeth von Ungarn

CHRISTA PIESKE (Lübeck)

Die deutschen Volkskundler sind tief betroffen vom Tode ihres Kollegen und Freundes. Für beide Länder, für Ungarn und Deutschland, ist der Verlust nicht auszumessen. Wir erinnern uns an die gemeinsame Tagung der Bildkommission (SIEF) in Miskolc, die Ernő Kunt gestaltete. Das war 1987, noch vor dem Zerbrechen des Eisernen Vorhanges; Ernő gab uns ein Beispiel an Mut und Zuversicht. Wir bewunderten seine Leistungen und sind dankbar für seine Freundschaft, die wir erfahren durften. Mögen die wissenschaftlichen Arbeiten an der Universität Miskolc in seinem Geiste weitergeführt werden.

Die Nationalheilige Ungarns, deren historisches Schicksal sich in Ungarn und Deutschland abspielte, ist nicht nur durch Legenden, sondern auch durch mannigfaltige Bilder dokumentiert und dem Gedächtnis der Gläubigen eingeprägt worden. Ältere und neuere Veröffentlichungen befassen sich mit ihrem Leben und Wirken unter den verschiedensten Aspekten[1]. Zu ihrer Vita mag auf das LCI verwiesen werden[2]. Die

Grundlage der vorliegenden Arbeit bildet eine Heliogravüre nach dem Gemälde von Alexander Liezen-Mayer, "Die Hl. Elisabeth von Ungarn", das 1882 gemalt und 1884 reproduziert wurde[3]. An diesem Beispiel soll die Wiedergabe eines primär religiösen Motives in der bildenden Kunst und die begleitende und nachfolgende Popularisierung durch das kleine Andachtsbild mit seinen vielfältigen Funktionen aufgezeigt werden. Beide Gebiete gehören zueinander; hier wird deutlich, wie mit Bildformulierungen umgegangen wurde. Motive und ihre Gestaltungen konnten übertragen, kopiert oder simplifiziert werden, so daß sie für verschiedene Bevölkerungsschichten akzeptabel wurden. Dazu gehört auch die Ausklammerung von Motiven oder bestimmten Vorlagen, für die die Gründe zu untersuchen wären. Daß es sich hier hauptsächlich um Erzeugnisse des mittleren und späten 19. Jahrhunderts handelt, darf nicht erstaunen. Diese Epoche hat alle bilderfreudigen davor weit in den Schatten gestellt, denn neue Reproduktionstechniken bereiteten den Boden für einen Massenausstoß an Bildern und Bildchen. Und sie konnten wirklich von jedermann verstanden und aufgenommen werden,- das überreichliche Angebot von Bild und Wort war auch erschwinglich.

Einige Einzelheiten zum Künstler und zu seinem Gemälde, das unter verschiedenen Titeln in der Literatur erwähnt wird. Neben der "Hl. Elisabeth von Ungarn" erscheint "Die Hl. Elisabeth aus dem Hause Arpád", weiter "Die Hl. Elisabeth und die arme Bettlerin", bei Boetticher dann weitschweifiger "Die Hl. Elisabeth von Ungarn, einer armen Wöchnerin ihren Hermelinmantel reichend"[4]. Der Piloty-Schüler Sándor Liezen-Mayer (1839-1898), aus Ungarn gebürtig, verbrachte seine Studien in Wien, München und Paris und wirkte von 1880 bis 1883 als Direktor der Stuttgarter Kunstakademie[5]. Als Historien- und Genremaler entnahm er seine Sujets dem Zeitgeschmack entsprechend der literarischen und historischen, der fürstlichen und auch der bürgerlichen Welt. Mehrere große Gemälde widmete er der ungarischen Geschichte. Seine späteren Kinder- und Familienszenen wurden häufig von den Kunstverlagen als Stiche oder Lichtdrucke als Einzelblätter und auch in Sammelwerken reproduziert. Die fünfzig Illustrationen zu Goethes "Faust" z.B. erschienen in München in mehreren Prachtausgaben[6]. Liezen-Mayer genoß zu seinen Lebzeiten und darüberhinaus großes Ansehen. Das bekunden die vielen lobenden Anmerkungen in der zeitgnössischen deutschen und ungarischen Kunstliteratur. Seine Entwicklung, seine Vielseitigkeit, sein sicheres Zeichnen und gediegenes Kolorit wurden immer gerühmt. Die Verkaufsausstellung seines Nachlasses wurde zu einem "moralischen und materiellen Erfolg", wie sich "Die Kunst" 1900 äußerte. Für 503 Arbeiten, Gemälde, Zeichnungen und Skizzen, die in der Hauptsache von seinen Schülern erworben wurden, wurden 26.433 Kronen erzielt[7].

Der Künstler hatte bereits 1867 auf der Weltausstellung in Paris zwei Gemälde gezeigt, die für Aufsehen sorgten: "Die Kanonisation der Hl. Elisabeth" und "Maria Theresia nährt ein armes Kind". Das Erstere wurde von W.H. Maxwells Blews in Birmingham angekauft, der Künstler hatte dafür den Ersten Preis in einem akademischen Wettbewerb erhalten. Den größten Erfolg hatte er mit dem Gemälde, das die mildtätige Maria Theresia zeigte. Es wurde durch Reproduktionen, u.a. als Holzstich in der Familienzeitschrift "Daheim", weitesten Kreisen bekannt gemacht, ebenso durch die Photographie bei Hanfstaengl und als effektvoller Stich von A. Schultheiß[8]. In seinem Bericht über die Pariser Weltausstellung schrieb der Kunstkritiker Friedrich Pecht 1867, daß "Liezenmayer eine sehr hübsche Maria Theresia voll malerischen Talentes bringt."[9]. Mit diesem Motiv hatte der Maler ein Thema des religiösen und zugleich nationalen Genres angeschlagen, das dem allgemeinen Empfinden seiner Zeit entsprach.

Während seiner Stuttgarter Jahre begann Liezen-Mayer mit den Vorarbeiten zur "Hl. Elisabeth", nachdem die "Staatliche Ungarische Gesellschaft für bildende Künstler" mit ihm über das Motiv für das Gemälde verhandelt hatte, wie 1881 berichtet wurde. Diese Gesellschaft hatte u.a. die Aufgabe, der Staatlichen Bildergalerie in Budapest jährlich ein historisches Gemälde zum Ankauf vorzuschlagen. Bereits 1882 war das 282 x 186 cm große Gemälde fertig gestellt. Es wurde kurz danach in Stuttgart gezeigt, etwas später im Münchner Kunstverein und im folgenden Jahr 1883 auf der Internationalen Kunstausstellung im Kgl. Glaspalast in München[10]. Das Gemälde fand zunächst überall uneingeschränkte Zustimmung. Kommentare in den Kunstzeitschriften und Besprechungen der Ausstellungen in der Presse sorgten für seine baldige Bekanntheit. Jedoch sprach sich der Biograph H. Holland gegen die gesamte Piloty-Schule aus, die nicht über "ein theatralisches Kostümpathos" hinauskäme. Das beträfe auch die "Barmherzigkeit" (wieder ein anderer Bildtitel für "Die Hl. Elisabeth"), die keinen spezifischen mittelalterlichen Charakter hätte. Diese vereinzelten Gegenstimmen wogen aber nicht schwer. (Abb.1)

Die hervorragende Publikumsaufnahme veranlaßte die "Staatliche Ungarische Gesellschaft für bildende Künstler" in Budapest, sofort eine Reproduktion zu bestellen, die dann 1884 den Mitgliedern als Jahresgabe überreicht werden konnte[11]. Man stand seit 1881 mit dem K.K. Militärgeographischen Institut in Wien in Verbindung, das auch weitere Reproduktionsaufträge ausführte[12]. Die Verlagsfunktion übernahm dabei die "Gesellschaft für vervielfältigende Kunst" in Wien; durch sie wurden auch die Werke der Landes-Gemälde-Galerie in Budapest 1886 reproduziert[13].

Reproduktionsgraphiken leisteten im 19. Jahrhundert einen wesentlichen Beitrag zur Kunst-

Abb. 1
Magyarországi Szent Erzsébet. Ölgemälde, Liezen-Mayer p.
1882. (Ungarische Nationalgalerie Budapest)

vermittlung und damit auch zur Kunsterziehung. Sie dokumentierten durch ihre Wandbildfunktion nicht nur den Geschmack der Bildungsbürger, sondern stellten vor allem durch ihre Inhalte die angestrebten Tugenden wie Frömmigkeit und Nationalbewußtsein in den Mittelpunkt. Die Träger für diese Verbreitung von Kunst waren die Kunstvereine, die zunächst die Kreise der Gebildeten, bald aber auch die des mittleren Bürgertums erreichten. Ihre Jahresgaben bildeten seit der Jahrhundertmitte ein wichtiges Medium für künstlerische Ideen und Neuheiten auf dem Ausstellungssektor. In den Schriften des Pesther Kunstvereins sind von 1851 an Auflistungen der Vereinsgaben und Ausstellungsexponate enthalten[14]. Bei Kertbeny erschienen 1862 die wichtigsten Künstlernamen, die auch im Ausland einen großen Bekanntheitsgrad besaßen[15].

Die hier zu untersuchende Heliogravüre, 1884 in Wien herausgegeben, stellt für die internationale Zusammenarbeit der nationalen Kunstvereine ein hervorragendes Beispiel dar. Ein Exemplar befindet sich nämlich unter den Resten der einstmals etwa 25.000 Blatt umfassenden Graphischen Sammlung des Städtischen Museums Stettin, der Hauptstadt der Preußischen Provinz Pommern (bis 1945). Aus dieser Sammlung haben etwa 950 Druckgraphiken den II. Weltkrieg und die Wirren nach 1945 überlebt. Auf einer Odyssee gelangten auch zehn ungarische Blätter schließlich in die Obhut der Stiftung Pommern in Kiel[16]. Sie gehören zu den etwa 100 großformatigen Blättern, die von der zweiten Hälfte des 19. Jahrhunderts an als Jahresgaben anderer Kunstvereine von dem Kunstverein für Pommern oder von dortigen Privatsammlern durch Tausch oder Kauf erworben wurden. (Abb.2)

Der 1834 gegründete Kunstverein für Pommern in Stettin stand in engem Kontakt zu den deutschen, aber auch den ausländischen Kunstvereinen und besonders zu dem ungarischen in Budapest. Leider sind alle diesbezüglichen Schriften wie Akten oder Briefwechsel verlorengegangen. Auch das erhaltene Zugangsbuch des Museums,- sonst eine wesentliche Quelle für die Vorgänge der Erwerbungen, Schenkungen usw.,- ist erst ab 1912 erhalten und kann deshalb nichts über die Budapester Verbindungen aussagen. Die geretteten Blätter aber verdeutlichen, daß bereits von den 50er Jahren des 19. Jahrhunderts an ungarische Reproduktionsgraphiken wie Lithographien, später Licht- und Kupfertiefdrucke und Heliogravüren Jahr um Jahr nach Stettin gingen. Sie wurden 1907 mit dem Museumsstempel und der Jahreszahl versehen, denn in diesem Jahr ordnete man die dortige Graphische Sammlung neu und katalogisierte sie. Nach dem von dem Oberbürgermeister Haken verfaßten und 1907 gedruckten Katalog waren außerdem vier Blätter aus dem Faustzyklus von Liezen-Mayer vorhanden, die heute nicht mehr existieren[17].- Die folgenden ungarischen Blätter sind noch vorhanden. Sie sind alle im Katalog von

Abb. 2

*Magyarországi Szent Erzsébet. Heliogravüre der Gesellsch. f.
vervielfält. Kunst, Wien 1884, nach Liezen-Mayer. (Graphische
Sammlung Stettin. Stiftung Pommern Kiel. Foto Jäger Lübeck)*

Haken verzeichnet, allerdings unterschiedlich nach Maler- oder Stechernamen geordnet. (Vgl. Anhang mit den ungarischen Bildtiteln)

Mihály Kovács (1818-1892): Arpads Wahl zum Landesfürsten.- Lithographiert von Marin-Lavigne, gedruckt bei Lemercier, Paris, herausgegeben für die Mitglieder des Budapester Kunstvereines 1854. (Haken 1907,128.- Stiftung Pommern Nr.900)

József Molnár (1821-1899): Dezsö's Heldentod für seinen König.- Lithographiert von A. Charpentier (geb. 1822), gedruckt bei Lemercier, Paris, herausgegeben für die Mitglieder des Budapester Kunstvereins 1855. (Haken 1907,127.- Stiftung Pommern Nr.896)

Miklós Barabás (1810-1898): Die Ankunft der Schwiegertochter.- Lithographiert von A. Charpentier, gedruckt bei Lemercier, Paris, herausgegeben für die Mitglieder des Budapester Kunstvereins 1856. (Haken 1907,128.- Stiftung Pommern Nr.897)

Mor Than (1828-1899): König Emerich führt seinen rebellischen Bruder in die Gefangenschaft.- Lithographiert von A. Charpentier, gedruckt bei Lemercier, Paris, herausgegeben für die Mitglieder des Budapester Kunstvereins 1857. (Haken 1907,127.- Stiftung Pommern Nr.898)

Henrik Weber (1818-1866): Ferdinand V. auf dem Königshügel in Preßburg 1830.- Lihographiert von A. Charpentier, gedruckt bei Lemercier, Paris, herausgegeben für die Mitglieder des Budapester Kunstvereins

1858. (Haken 1907,128.- Stiftung Pommern Nr.899)

Károly Lotz (1833-1904): Wandgemälde der Akademie in Budapest.- Lichtdruck, herausgegeben und gedruckt von dem K.K. Geographischen Institut. Alle Recht vorbehalten. (Haken 1907,64.- Stiftung Pommern Nr.902)

Lajos Deák-Ébner (geb. 1850): Der Hochzeitszug.- Reproduktion von R. Paulussen, Wien, herausgegeben von der Staatlichen Ungarischen Gesellschaft für bildende Künstler. Alle Rechte vorbehalten. (Haken 1907,68.- Stiftung Pommern Nr.903)

Döme Skutezky (1850-1921): Spannende Geschichte.- Gemalt 1888, Reproduktion von R. Paulussen, herausgegeben von der Staatlichen Ungarischen Gesellschaft für bildende Künstler. Alle Rechte vorbehalten. (Haken 1907,68.- Stiftung Pommern Nr.904)

Sándor Wagner (1838-1919): Das Wettrennen der Debrecziner Roßhirten.- Lichtdruck, herausgegeben von der Staatlichen Ungarischen Gesellschaft für bildende Künstler. Alle Rechte vorbehalten. (Haken 1907,66.- Stiftung Pommern Nr.905).- Nach den Berichten der "Staatlichen Ungarischen Gesellschaft der bildenden Künstler" wurde das Gemälde 1885 in Wien reproduziert[18].

Nunmehr wenden wir uns dem letzten Blatt aus diesem ungarischen Konvolut zu, der Heliogravüre "Die Hl. Elisabeth von Ungarn" nach Liezen-Mayer. Sie trägt folgende Bildlegende:

– Magyarországi Szent Erzsébet [Hl. Elisabeth von Ungarn]

Eredetije a Magyar Nemzeti Múzeum
képtárában [Gemälde in der Ungarischen
Nationalgalerie]
- Fest. Liezen-Mayer, Sandor [Gemalt von
Liezen-Mayer]
- A. Cs. Kir. Földrajzi Intézet Fénymetsze-
te [Heliogravüre des K.K. Geographi-
schen Institutes]
Nyomt. a műsokszorosító egylet Bécsben
[Gedruckt bei der Gesellschaft für ver-
vielfältigende Kunst in Wien]
Minden jog fentartva [Alle Rechte vorbe-
halten]
Kiadja az Országos Magyar Képzőmű-
vészeti Társulat
[Staatliche Ungarische Gesellschaft für
bildende Künstler]

Dieses für die Mitglieder der "Staatlichen
Ungarischen Gesellschaft für bildende Künstler"
bestimmte Blatt war also in Wien bei dem
"K.K. Militär-geographischen Institut" heliogra-
phiert und bei der "Gesellschaft für vervielfältigende Kunst" gedruckt worden. Die 1871 in
Wien gegründete Gesellschaft wurde bald zur
international führenden Institution auf druckgra-
phischem Gebiet, sie brachte auch eine eigene
Zeitschrift heraus[19]. Ihre Reproduktionen wurden
ab 1883 im GKB verzeichnet. In dem ersten
Band ist noch nichts nach Liezen-Mayer erschienen, aber 1894 wird die "Hl. Elisabeth" als
Heliogravüre des "Militär-geographischen Institu-

tes" in dem Format 68 x 43,5 cm zum Preis von 30.- M. (avant la lettre), 15.- M auf China, und in der Verkleinerung von 27 x 17 cm für 3.- M. angezeigt[20]. Genau diese Ausgaben mit denselben Größen und Preisen wurden auch von der GFCHK_M (Gesellschaft für Christliche Kunst in München), gegr. 1900, vertrieben. Die Reproduktion der "Hl. Elisabeth" ist in dem Hauptkatalog um 1907/08 abgebildet[21]. Das ist bisher die einzige Übernahme im gehobeneren Wandbilddruck, die bekannt geworden ist. Es sieht so aus, als ob diese als sehr anspruchsvoll einzustufende Reproduktion, die nach dem Gemälde Liezen-Mayers gemacht wurde, nicht mehr von anderen deutschen Kunstverlagen angeboten wurde, weder von den bedeutenderen noch etwa von den populären. Auch die Durchsicht des GKB für die anderen Wiener Kunstverlage brachte kein Ergebnis[22]. Nach Liezen-Mayer waren vor allem die Illustrationen zum "Faust" sowie die nach weiteren literarischen Werken als Reproduktionen erschienen.

Es stellt sich hierbei die Frage nach den Kriterien für eine Aufnahme von Werken der bildenden Kunst als Vorlagen für Reproduktionen. Die Verleger hatten als Kaufleute in erster Linie den Verkaufswert im Auge, "leicht gängige Ware", wie es in der Branchensprache hieß, genoß den Vorzug. Darum spielte bei der Auswahl der Bildinhalt die ausschlaggebende Rolle. Es kann generell gesagt werden, daß vor allem im Popularbereich der Bildinhalt vorrangig war.

Das Was stand und steht eindeutig vor dem Wie. Bilder, die ihren Absatz in breiten Bevölkerungsschichten haben sollten, mußten einen erkennbaren und auch überzeugenden Inhalt haben. Die Übereinstimmung von religiösen Grundsätzen und allgemeinen Wertvorstellungen der Zeit war die Voraussetzung. Künstlerische oder auch drucktechnische Gestaltungen sind hier kaum der Auslöser für den Erwerb eines Bildes gewesen. Die Betonung des Bildinhaltes aber war auch ein schichtenübergreifendes Phänomen. Nicht selten handelte es sich um den gleichen Inhalt in gleicher Durchführung auch bei den Wandbilddrucken der gehobeneren Kreise. Der einzige Unterschied zur Populargraphik bestand darin, daß der Rang und die Qualität der verschiedenen Drucktechniken sowie die Ausstattung durch Papier und Rahmungen einen anderen Standard hatten. Sie bestimmten dann den Preis, der dafür gezahlt werden mußte und wurde. Nur ein sehr geringer Prozentsatz der Bilderkäufer erwarb bewußt Kunst, und auch über die Ambivalenz dieses Begriffes, durch Kunstzeitschriften und Publikationen beeinflußt und gelenkt, ließe sich debattieren.

Zum Bildinhalt bei Liezen-Mayer: Die Hl. Elisabeth von Ungarn ist der Mittelpunkt des fast 3 Meter hohen Gemäldes. Durch den, wenn auch einseitig ausgebreiteten Mantel wird die Erinnerung an eine Schutzmantelmadonna geweckt[23]. Sie steht bildbeherrschend in einer Ruine (Stall?), zu ihren Füßen kauert auf einem

Strohlager eine in Lumpen gehüllte junge Mutter mit dem Säugling im Arm. Die Hl. Elisabeth löst das Tassel ihres Hermelinmantels und läßt ihn azf die zu ihr Aufschauende gleiten. Im Hintergrund beugt sich ein Alter mit Pelzmütze zu einem Korb mit Leinenzeug. Hinter der Hauptfigur hebt sich wie ein Schattenriß eine ältere Begleiterin ab, die einen großen Krug (Metallgefäß?) trägt. Durch den Türausschnitt fällt der Blick auf die schemenhaft entfernte Wartburg. Auf dem Boden liegt ein leerer Tonkrug wie ein Sinnbild der Hoffnungslosigkeit.

Das Bildmotiv, die "Hl. Elisabeth", ist ein Bestandteil der "Werke der Barmherzigkeit", die auf der Basis des Neuen Testamentes (Matth. 25, 35-46) seit dem 12. Jahrhundert in der christlichen Kunst bildlich dargestellt wurden. Als Einzelwerke oder als Serie waren sie in der europäischen Malerei und Graphik ein häufig wiedergegebenes Lehrstück. Die sechs Werke: Die Bedürftigen speisen, tränken, beherbergen, bekleiden, in Krankheit und Gefangenschaft besuchen, wurden später noch erweitert um das Begraben der Toten[24].- Der auf dem Gemälde dargestellte Krug gehört zu den Attributen der Heiligen, wenn er auch hier auf dem Gemälde nur eine genrehafte Zutat zu sein scheint. Auf anderen Bildern mit Bettlern oder Krüppeln kamen dazu noch Schale oder Eßnapf[25]. Das Kleiden der Bedürftigen,- bei Liezen-Mayer das Hauptmotiv,- war bereits im 15. Jahrhundert im

Kölner Raum auf einer Altartafel wiedergegeben. Und noch ein Jahrhundert früher wurde ein Wunder geschildert: Engel bringen der Heiligen einen Mantel, weil diese ihn vorher weggegeben hatte[26].

Nackte oder Zerlumpte zu kleiden bedeutete mehr, als nur die Blößen zu bedecken. Es war Schutz und Lebenswärme, es konnte darüberhinaus das Erreichen eines anderen sozialen Status bringen. Der andere Heilige, der mit eben diesem Werk sein Attribut gefunden hatte, ist der Hl. Martin, der seinen Mantel mit dem Schwert trennte, um die Hälfte dem frierenden Bettler zu geben. Fast könnte man hier den Gedanken an eine männliche Vernunft heranziehen, in angemessenen Grenzen sinnvoll zu schenken, während sich die Hl. Elisabeth bedenkenlos verschwendete. Sie schien es nicht wahrzunehmen, daß eine so kostbare Gabe wie ein Hermelinmantel der Beschenkten außer einem momentanen Schutz auf Dauer keinen Segen bringen konnte, - die Diskrepanz zwischen dem Bedürfnis und seiner Erfüllung war zu groß. Die Geste einer solchen Schenkung trägt schlechthin Symbolcharakter, der nicht nach Sinn und Zweck und damit nach den Folgen der guten Tat fragen läßt. Erkannte man im 19. Jahrhundert diesen Sachverhalt? Vermutlich stand die Irrationalität des Ganzen überhaupt nicht zur Debatte. Umfang und materieller Wert der Gabe dienten eher dazu, die Spenderin in einem noch helleren Licht erscheinen zu lassen. In welche

Richtung wurden die Gefühle der Betrachtenden gelenkt? Doch sicherlich eher in die der hochherzig Gebenden als in die der höchst Armseligen, die eigentlich alles Mitleiden verdiente. Und es wäre sicher zu weit voraus gegriffen und damit abwegig, wenn man in dem Ablegen des Mantels und der Übergabe dieses Standessymbols an den vierten Stand die Anzeichen einer sozialen Revolution verborgen sehen wollte. Liezen-Mayer malte, wie es seine Zeit von ihm erwartete, eine Heilige, deren Weg vom Fürstenthron zum Klosterleben und zu dem aufopfernden Einsatz für die Ämsten führte.

Liezen-Mayer, der sich als einer der letzten Maler dieses Motives in repräsentativer Weise angenommen hatte, muß sich mit der knapp 30 Jahre früheren Bildformulierung von Moritz v. Schwind (1804-1871) auseinandergesetzt haben. Dessen 1855 vollendete Wartburgfresken, "Das Leben der Hl. Elisabeth", haben eine große Bedeutung für ihn als Maler der deutschen Sagen und Legenden gehabt. Wie er in einem Brief schilderte, fühlte er sich bei dem kräftezehrenden Unternehmen, die Wartburg auszumalen, durch die Heilige selbst getragen. In seinen Briefen sprach er stets von der "lieben Hl. Els, der minniglichen Spenderin."[27]. Die Fresken in dem Gang zur Kapelle stattete er mit hochformatigen Kompositionen aus, auf denen das Rosenwunder im Mittelpunkt stand, nicht die Kleidung der Bedürftigen. Um aber den Szenen aus dem Leben (und der Legende) der Hl. Elisabeth den biblischen Bezug zu geben, hatte Schwind zwischen die Hauptbilder sieben Medaillons gesetzt, die die Werke der Barmherzigkeit darstellten. Im ersten Tondo bringt er die Szene der Kleidung. Wieder ist es der eigene Mantel, der dem Armen von der bekrönten weiblichen Gestalt, also von der Hl. Elisabeth, gegeben wird. Diese Szenen entbehren aller genrehaften Züge und sind nur auf die jeweilige Tätigkeit reduziert. Mit den sparsamen Formen erinnern die Grisaillen an die keramischen Tondi der italienischen Renaissance[28]. (Abb.3)

Zu dem Motivkomplex hat Schwind noch 1856 ein Ölbild folgen lassen: "Der Handschuh der Hl. Elisabeth". Dieses sich in den Kunstsammlungen von Weimar befinddende Gemälde bringt die Darstellung eines höfischen Waldspazierganges mit viel Gefolge. Der Landgraf reicht einem Krüppel Geld, die Hl. Elisabeth aber ihren linken Handschuh, nach dem der Bettler die Hand ausstreckt[29]. Wieder steht die Frage nach dem Sinn dieser Gabe im Raum. Sollte es eine Art Belehnung sein oder wurde es als ein von der Heiligen getragenes Stück wie eine schützende Reliquie angesehen? Inhaltsdeutungen werden bei den Beschreibungen der Werke Schwinds vermieden.

Die meisten Gemälde und Zeichnungen des 19. Jahrhunderts bringen das Rosenwunder der Hl. Elisabeth,- es sind die im Mantel getragenen Brote für die Armen, die sich wunderbarerweise in Rosen verwandelt haben, als der unwillige

Abb. 3

*Erstes der sieben Werke der Barmherzigkeit. Fresko, Moritz von
Schwind p. 1855. (Flur zur Kapelle auf der Wartburg, Thür.)*

Gemahl, später der Schwiegervater, den Inhalt nachprüfen will. Von 1820 an wurde diese Darstellung zur eigentlichen Bildfassung der Heiligen[30]. Eine Zeichnung von Friedrich Overbeck, die er 1837 dem Grafen Montalembert schenkte und die später durch den "Verein zur Verbreitung religiöser Bilder in Düsseldorf" als Stahlstich herausgegeben wurde, ist hierfür ein typisches Beispiel[31]. Daneben spielen der Bettler oder Bettelknabe, auch der Krüppel als Attribut eine Rolle. Hier füllt die Heilige einen nährenden Brei aus dem Krug in die von dem Armen emporgehaltenen Schale. Merkwürdigerweise haben die vielen religiösen Maler des 19. Jahrhunderts wie etwa Overbeck (1789-1868), die Brüder Fr. und Joh. Riepenhausen (1768-1831), Ittenbach (1813-1879, Gemälde von 1873), Steinbeil (1845?), Untersberger (1864-1922, Gemälde vor 1905), nicht die Mantelszene dargestellt. Sie wurde nur ein einziges Mal bei den vielen Andachtsbildchen aufgenommen.

Das Gemälde von Liezen-Mayer erhielt für seinen bedeutungsvollen Inhalt auch die kongeniale Form. Der obere Abschluß ist gerundet; damit wurde eine historische Bildform gewählt, die seit der Renaissance klassische Bezüge verkörperte. In einen solchen Rahmen hatte Raffael seine Madonnen gesetzt, unzählige Maler folgten ihm. Das 19. Jahrhundert bevorzugte mit seiner ausgeprägten Raffael-Verehrung den Segmentbogen als Bildabschluß nicht nur bei religiösen

Motiven, sondern sublimierte damit auch das profane Porträt.

Welche Bedeutung besaß nun die 1882 gemalte Leinwand? Dem Bildtitel nach ist eine Heilige dargestellt worden. Es fehlt ihr jedoch nicht nur der Heiligenschein, sondern auch das Statuarische, das von allen irdischen Bezügen oder Zufällen losgelöste Dasein einer anbetungswürdigen Gestalt. Liezen-Mayer malt dagegen eine Szene aus dem Legendenbereich, eine Begebenheit, die sich so zugetragen haben könnte. Damit weist sich das Bild als zum religiösen Genre gehörend aus, das im 19. Jahrhunderts seine stärkste Verbreitung erlebte. Es kommt aber noch ein Zweites hinzu: Die Handelnde ist als gebürtige Ungarin aus dem Königshause Arpád und als Landgräfin von Thüringen zur Trägerin nationaler Vorstellungen geworden, die ohne den in Europa tradierten Fürstenkult nicht zu verstehen wären. Fürsten wurden schlechthin als Vorbilder gesehen, ihr Leben und Tun waren von nationalem und auch persönlichem Interesse. In Verehrung auf sie zu blicken, war gerade im 19. Jahrhundert zu einer selbstverständlichen Pflicht geworden[32]. Nicht ohne Grund gehörten die Fürstenporträts und Szenen aus dem fürstlichen Leben zu den am besten verkäuflichen Wandbilddrucken aller Kunst- und Popularverlage. Wenn nun, wie bei der Hl. Elisabeth, der Vorbildcharakter die gewöhnlichen menschlichen Vorstellungen und Erwartungen überstieg, so war durch diese doppelte Heraushebung das Fortleben der Legende auch im Bild gesichert. Durch des tätige Mitleid, wie es so vor aller Augen praktiziert wurde, wurden Fürstlichkeiten umso höher eingestuft. Fürstin und Heilige sind eine Person. Es bedarf keines Thrones, keiner Krone und auch keines Heiligenscheines, um sie zu kennzeichnen. Alle kannten ihre Vita, die durch die Kanonisation von 1235 gekrönt war. Aus der historischen Malerei war ein Stück religiös-nationaler Genremalerei geworden[33]. Das hatte bereits das Gemälde Liezen-Mayers von 1867 erwiesen, verstärkt nun das von 1882. Immer wieder erscheinen in den Heiligengeschichten solche für das Volk erstaunlichen Exempel, erstaunlich deswegen, weil der gesellschaftliche Abstand unüberwindbare Schranken darstellte. Wohltätigkeit hochgestellter Personen an den Ärmsten der Armen unter Opferung der eigenen Bequemlichkeit erschien als das höchstrangige Werk der Nächstenliebe. Es gehörte nicht zu den Selbstverständlichkeiten; in der Genremalerei ist auch die gleiche Beachtung der Mildtätigkeit von Kindern zu finden[34].

Es ist aber nicht nur dieser allgemeine Vorbildcharakter, der das Gemälde bedeutungsvoll sein läßt. Es ist zu vermuten, daß hier zwar nicht die persönlichen Züge gebracht werden, daß aber doch die Person der österreichischen Kaiserin und ungarischen Königin Elisabeth gemeint sein könnte. Sie hatte sich große Sympathien in Ungarn durch ihren Einsatz für diesen

Teil der habsburgischen Monarchie errungen. Nach der Biographie in dem Deutschen Nekrolog wurde sie wie "eine wahre göttliche Frau, wie der schützende Geist der ungarischen Nation verehrt"[35].

Weswegen ist diese Bildfassung von Liezen-Mayer ohne große Verbreitung geblieben? Auf die nur wenigen künstlerischen Reproduktionenen wurde schon hingewiesen. Lag es an der Zeit um 1882, daß sich das Bildungsbürgertum keine großformatigen, religiösen Drucke mehr an die Wand hängte? Sicher beweisbare Gründe gibt es dafür nicht. Dieses Gemälde hat jedenfalls nur die Kenner erreicht, die die Erzeugnisse der "Gesellschaft für die vervielfältigenden Künste" kauften. Die Auflage dürfte nicht mehr als wenige hundert Exemplare betragen haben.

Bisher ist von Liezen-Mayers Hl. Elisabeth keine Trivialisierung gefunden worden, weder im populären Wandbilddruck noch im kleinen Andachtsbild. Es ist jedoch die zweite Fassung des Motives gewesen, die als kleines Andachtsbild verwendet wurde. Von einem bisher nicht identifizierten ungarischen Verlag wurde sie als 180. aus einer Folge von Heiligenbildern herausgebracht[36]. Das von dem Herzogprimas János Simor 1885 in Auftrag gegebene Gemälde kam später aus seinem Nachlaß in das Christliche Museum in Esztergom (Gran)[37]. Auf dieser kleineren Leinwand (152 x 94 cm) gibt es keine Andeutung einer Räumlichkeit, die armselige junge Mutter ist in freier Natur den Unbillen

des Wetters ausgesetzt. Sie ist unter einem We-
gekreuz zusammengebrochen, mit verbundenen
Füßen kauert die zerlumpte Elendsgestalt im
Schnee. Den Gekreuzigten unter dem schützen-
den Blechschirm, wie es bei den Bildstöcken
üblich war, kann man nur ahnen. Die Hl. Elisabeth läßt ihr in ähnlicher Weise wie beim ersten Gemälde ihren Hermelinmantel zukommen.
Ihre Haltung hier ist aber viel inniger und müt-
terlicher, sie beugt sich tiefer herab. Alles Re-
präsentative des großen Gemäldes ist vermieden
worden. Im Hintergrund schauen zwei Pilger
(ein Bauernpaar ?) auf die Gruppe. (Abb.4) Es
ist verständlich, daß gerade diese intimere Dar-

Abb. 4

*St. Erzsébet. Öldgemälde, Liezen-Mayer p. 1885. (Keresztény
Múzeum Esztergom. Photo Attila Mudrák)*

stellung gewählt wurde, um als kleines Andachtsbild vervielfältigt zu werden.- Die wenigen bekannten Bildchenbeispiele haben, so
merkwürdig es klingt, keine sichtbare Funktion
gehabt. Auf der Vorderseite sind die Worte zu
lesen: "S. Elisabeth. Beati misericordes, quoniam ipsi misericordiam consequentur. Math. 5,7."
[Selig sind die Barmherzigen, denn sie werden
Barmherzigkeit erlangen]. Die Inschrift allein
weist sie als Heiligenbildchen aus. Die Rücksei-
ten sind unbedruckt, die Darstellung ist in
bräunlichem Lichtdruck wiedergegeben. Eines
von diesen drei bisher gefundenen Bildchen ist
in ein aus Ungarn stammendes Album am Rand
eingeklebt worden; auf seiner Rückseite läßt
sich die hs. Eintragung "1926" erkennen. Erst
wenn man mehr über den unbekannten Verlag
und seine Produktion weiß, könnten weitere
Aussagen gemacht werden (Na. Berlin: 7713,
13738, Album: 10,5 x 6,8 cm). - Von dieser
zweiten Gemäldefassung ist bisher keine Reproduktion als Wandbilddruck bekannt geworden.
Das ist verständlich, da das Gemälde praktisch
in Privatbesitz und daher für ein allgemeines
Reproduzieren unzugänglich war. Es ist war
aber möglich, daß für seine Verwendung als
kleines Andachtsbild die Genehmigung von
kirchlicher Seite aus erteilt, vielleicht sogar gefördert wurde. (Abb.5).

Bei die Verwendung von Werken der Kunst
durch Andachtsbildchen-Verlage lassen sich verschiedene Stufen erkennen. Dieses Beispiel ist

S. Elisabeth.
Beati misericordes, quoniam ipsi
misericordiam consequentur. Math. 5, 7.

Abb. 5
S. Elisabeth. Andachtsbildchen, Lichtdruck. (Na. Berlin: 7713)
Fotos von Claudia Obrocki, MVK Berlin

mit der Verkleinerung und dem Umsetzen in die Reproduktionstechnik des Lichtdruckes symptomatisch für den ersten Schritt der Bearbeitung. Dabei ist die durch die photomechanische Reproduktion gewonnene getreue Übernahme aller Bildeinzelheiten gewährleistet. Lichtdrucke waren um 1880 eine beliebte Technik für eine der Kunst angemessene Wiedergabe. Es ließen sich nur 1000 bis 1500 Abdrücke herstellen. Die weiteren Stufen der Trivialisierung wie die Umzeichnung und evt. Simplifizierung, dazu die Übernahme durch andere Techniken, haben sich bisher für dieses Beispiel nicht finden lassen[38].- Ein Bildchen mit der Hl. Elisabeth fehlt bei keinem deutschen, österreichischen, französischen oder ungarischen Popularverlag, in überwiegendem Maße ist die Darstellung des Rosenwunders vertreten. Das aber jenseits der normalen menschlichen Verhaltensweise liegende Motiv des Verschenkens eines Herrschaftssymboles und eines überaus bedeutenden materiellen Wertes scheint von den reproduzierenden Verlagen aller Kategorien ausgeklammert worden zu sein, zumindest in den prosperierenden Jahrzehnten des ausgehenden 19. Jahrhunderts.

1. BUSSE-WILSON, Elisabeth: Das Leben der Hl. Elisabeth von Thüringen - das Abbild einer mittelalterlichen Seele. München 1931; DIEFEN-BACH, J.: Das Leben der Hl. Elisabeth von Thüringen in Wort und Bild. Frankfurt 1908; MARESCH, M.: Elisabeth von Thüringen. Schutzfrau des deutschen Volkes. Berlin 1931; MIELKE, H.: Zur Biographie der Hl. Elisabeth, Landgräfin von Thüringen. Diss. Rostock 1888; MÜHLENSIEPEN, W.: Die Auffassung von der Gestalt der Hl. Elisabeth in den Darstellungen seit 1795. Diss. [Masch.] Marburg 1949.- Hier sind 809 Titel zur Elisabeth-Literatur aufgelistet; KOTTMANN, M.: Elisabeth von Thüringen. Altötting 1966; SCHMOLL, F.: Die Hl. Elisabeth in der bildenden Kunst des 13.-16. Jahrhunderts. Marburg 1989.
2. LCI Bd.6, Sp.133.
3. Das Exemplar aus der Graphischen Sammlung des ehem. Städtischen Museums Stettin befindet sich in der Stiftung Pommern, Kiel.
4. Boetticher, Bd.1, München 1891, Nr.11: 873-874.
5. ADB Bd.51,709-715; BERGGRUEN, O. Dr.: Katalog der graphischen Ausstellung Wien. In: Die Graphischen Künste IX 1885,37ff; BENKÓ, Gizella: Liezen-Mayer Sándor. Dipl.- Arbeit Budapest 1932.; Boetticher Bd.1,2: Liezen-Mayer mit 20 Gemälden und 9 Zeichnungen; FRÄN-KEL, Ludwig: In: A. Sauers Euphorion. Leipzig Wien 1898; Geistiges Deutschland 1898; HORST, G.H.: A. v. Liezenmayer. In: Kunst für Alle, Jg. 15 1887,142; HORST, G.H.: In: Kunst unserer Zeit, IX. Jg. 4, H., S.95; XY. 3. H.

S.33-56, mit Porträt und 15 Reproduktionen. 1900,32; Meisterwerke der Holzschneidekunst auf dem Gebiet der Architektur, Skulptur und Malerei, Bd.II und III. Leipzig 1880 und 1881; PECH Friedrich: Geschichte der Münchner Kunst. München 1888, S.255; REES, J. Eugène: The Masterpieces of German Art Illustrated, vol.II. Philadelphia o.J. [1900]; ROSENBERG, Adolf: Geschichte der modernen Kunst, Bd.III 80ff. Leipzig 1889; Ders.: Münchner Malerschule, Leipzig 1887, S.37ff; THIEME, Ulrich u. Felix BECKER (Hrg.): Allgemeines Lexikon der bildenden Künstler von der Antike bis zur Gegenwart. Bd.1-37. Leipzig 1907-1950; WURZBACH, Constantin v.: Biographischen Lexikon des Kaisertums Österreich, Bd.XV,299. Wien 1866.

6. Alexander Duncker, Kunstverlag Berlin, Stiche "Erste Freundschaft, Erste Liebe" (GKB XVI 1,1 1893,708); Th. Stroefer, Kunstverlag in München. Illustrationen zu "Faust" und "Lied von der Glocke" (GKB VIII 1883,811ff.; XVI 1,3 1893 709 ff.). Nach dem ADB kam der Verleger Stroefer von New York nach München, um die Herausgabe zu überwachen; In den Graphischen Künsten, III. Jg. 1881,48; ferner IX. Jg. 1886/87,37 Abbildungen und Beschreibungen des Illustrationswerkes.

7. Die Kunst. Monatshefte für freie und angewandte Kunst, 1. Bd. Wien 1900,382 (Die Kunst für Alle, 15. Jg.)

8. Catalogue général public par la commission impériale. T.1-3. Paris 1867; ADB Bd.51,710f.; BETTELHEIM, Anton (Hg.): Biographisches Jahrbuch und Deutscher Nekrolog, Bd.1,84ff. Berlin 1898.; Verzeichnis der Kunstblätter-

Sammlung des Leipziger Kunstvereins. Leipzig 1876, S.26.

9. PECHT, Friedrich: Kunst und Kunstindustrie auf der Weltausstellung von 1867. Pariser Briefe. Leipzig 1867, S.131.

10. Boetticher Bd.1,2: Liezen-Mayer, Nr.11; Katalog zur Internationalen Kunstausstellung im Kgl. Glaspalast zu München 1883, S.39.- Bereits in der Glaspalastausstellung von 1869 hatte Liezen-Mayer eine Szene aus "Cymbeline" (Jachino entwendet der Imogen das Armband) und ein Porträt gezeigt (Katalog Nr.799 und 816), war aber dort nicht mehr 1893 vertreten; Die österreichisch-ungarische Monarchie in Wort und Bild, III. Bd. Wien 1893, Abb. S.425 (Holzstich nach G. Morelli)

11. Az Országos Magyar Képzőművészeti Társulat Közleményei, 1881 Nr. VIII, S.17; 1882 S.43; 1883 S.52-68.

12. Dort wurden folgende Werke reproduziert: István BENCZÚR: Die Taufe des Hl. Stephan (1881), vgl. Graphische Künste III. Jg. 1881,37; Mór THAN: König Matthias mit seinen Wissenschaftlern und Künstlern (1882); Sándor WÁGNER: Wettbewerb der Pferdehirten in Debrecen (1885); Sándor LIGETI und Sándor WÁGNER: Die Burg zu Vajdahunyad in der Zeit von Matthias (1886); Mihály ZICHY: Schicksal des Waisemnmädchens (1888); Károly LOTZ: Fresken des Prunksaales der Ungarischen Akademie der Wissenschaften. Epochen der ungarischen Kultur (1889).

13. GKB XVI 4,2 1894,2439: Hier wird die "Staatliche Ungarische Gesellschaft für bildende Künstler" mit "Landes-Verein für bildende Künste in Ungarn" bezeichnet.- Der GKB erschien ab 1881/83 mit 15, dann ab 1891/94 mit weiteren

13 Bden. Leider wurde das bedeutende Unternehmen, das auch den ausländischen Buchhandel umfaßte, nicht weiter fortgeführt.

14. Kunstwerke der Ausstellung des Pesther Kunst-Vereins 1851. Pesth 1852ff.

15. KERTBENY, Karl: Ungarns Männer der Zeit. Prag 1862.

16. Seit 1967 dort; ein weiterer Teil der ehemaligen Stettiner Sammlung wird im Museum der Hansestadt Greifswald aufbwahrt.- 1995 wird die Bearbeitung und Katalogisierung dieses Restbestandes abgeschlossen sein, der dann in einer Ausstellung der Öffentlichkeit vorgestellt werden wird.- (Pieske 1995).

17. HAKEN, Hermann (Hg.): Katalog der Kupferstich-Sammlung der Stadt Stettin. Stettin 1907, S.66: Wagner: Das Wettrennen der Debracziner Roßhirten. S.67: Gretchen mit ihrem Schwesterchen - Gretchens Kirchgang - Valentins Tod - Erscheinung in der Walpurgisnacht - Die wohltätige heil. Elisabeth von Ungarn.

18. Diese und viele andere Angaben verdanke ich der freundschaftlichen Unterstützung durch Dr. Sinko, Katalin, Budapest.

19. GKB XIII 1883,429-464: Literar.- artistischer Verlag und Kupferdruckerei. Hervorgegangen aus dem seit 1832 in Wien bestandenen Verein zur Beförderung der bildenden Künste.- Angeführt sind über 600 Titel. Vierteljahresschrift: "Die Graphischen Künste", Beiblatt: "Mitteilungen der Gesellschaft für vervielfältigende Kunst"; Ersch & Gruber, Allgemeine Encyklopädie der Wissenschaften und Künste. Bd. Leipzig 1886, 268ff. (Artikel von Wessely); K.K. Militär-Geographisches Institut. Meyers Konversations-Lexikon. Bd.8, S.609. 5.Auflg. Wien/Leipzig 1897.

20. GKB XVI 4,2 1894,2429.- Über 200 Einzelblätter und über 40 Sammelwerke, darunter die "Landes-Gemälde-Galerie in Budapest".

21. Heliogravüren erhält man durch ein manuelles Tiefdruckverfahren, bei dem zuvor die Bildübertragung photomechanisch erfolgte; GFCHKM Hauptkatalog, München o.J. (1906/07), S.196f. (MVK SM Berlin).

22. GKB XIII 1883 und XVI 4,2 1894.

23. Es sollte doch noch darauf hingewiesen werden, daß im mittelalterlichen Recht hochgestellte Personen Verfolgten durch das Aufnehmen in ihrem Mantel Schutz gewähren konnten. Vgl. LURKER, Manfred: Wörterbuch der Symbolik. 2. Aufl. Stuttgart 1893, S.427.

24. LCI, I.Bd. 1968,245-251; Pigler, A.: Barockthemen, Bd.1,527-529. Budapest 1956.

25. MONTALEMBERT, Graf v.: Vie de la Sainte Elisabeth de Hongrie. Pesth 1836; BRAUN, Josef: Tracht und Attribut der Heiligen in der deutschen Kunst. Stuttgart 1943.

26. LCI, Bd.6 Sp.133.

27. WEIGMANN, Otto: Schwind. Des Meisters Werke. Stuttgart/ Leipzig 1906, Abb. S.342-347 (Das Leben der Hl. Elisabeth), S.348-351 (Sieben Werke der Barmherzigkeit) und S.357 (Der Handschuh der Hl. Elisabeth); HOLLAND, H.: Moritz v. Schwind, sein Leben und seine Werke. Stuttgart 1873, S.177, 179; BÄUML, Helga: Die Wartburgfresken Moritz von Schwinds. Leipzig 1967; POMMERANZ-LIEDTKE, Gerhard: Moritz v. Schwind. Maler und Poet. Wien / München/Leipzig 1974, S.32: "... Es sind jetzt gerade zwei Jahre, daß ich den Kontrakt unterschrieben habe, und nicht weniger als 24 Bilder sind fertig. Ich zweifle nicht, daß die heilige Elisabeth besser begriffen hat als der Großher-

zog, daß ich mich ihr zu Ehren etwas sakrifiziert habe und mir einige Beihife hat zukommen lassen. Gott sei Dank, alle Welt ist zufrieden, Katholiken wie Protestanten...."

28. Unter den "Neuen farbigen Andachtsbildchen" annonciert die GFCHKM noch im Oktober 1918 "Die sieben Werke der Barmherzigkeit" als Nrn.271-277, Gr. 7 x 11 cm. 1000 Stück kosteten je nach Ausführung 39.- bis 45.- M.

29. POMMERANZ-LIEDTKE, ebd. S.32: Der Verf. hält das Gemälde für eines der gefühlstiefsten und malerisch reichsten Schöpfungen des Meisters; DÖRFLER, Peter: Die heilige Elisabeth. München 1930, S.37; GOßNER, Johannes: Die heilige Elisabeth die barmherzige Krankenfreundin. Berlin 1943, S.12: Zun dem gleichen Motivkreis gehört die hier wiedergegebene Legende von der goldgestickten Schürze; die von der Heiligen verschenkte wurde von einem Ritter gekauft, der sie an seinen Helm band und damit in jedem Kampf siegte.

30. BÖRSCH-SUPAN, Helmut: Die Deutsche Malerei von Anton Graff bis Hans von Marées. München 1988, S.275: Diese Darstellungen mit dem vorbildlichen mittelalterlichen Fürstenleben sind im Sinne der restaurativen Politik des frühen 19. Jahrhunderts zu verstehen.

31. ASSION, Peter: St. Elisabeth in Legende und Graphik des 19. Jahrhunderts. In: RECHBERG, Brigitte: Die heilige Elisabeth in der Kunst - Abbild, Vorbild, Wunschbild. Marburg 1983, S.181-188 m. weit. Lit; GIERSE, Ludwig: Religiöse Graphik aus der Zeit des Kölner Dombaues 1842-1880, S.45, Abb. Nr.70.

32. PIESKE 1988,87f.

33. PIESKE 1988,104.

34. LCI, I.Bd. 1968,245-251.- Die Erziehung zum Almosengeben kommt in der Genregraphik häufig vor, z.B. "Déjà charitable" nach Héloise Leloir um 1840; "Die mildtätigen Kinder", "Das Scherflein der Witwe", alle als Wandbilddrucke um 1860 herausgegeben (MVK SM Berlin).
35. Diese und viele andere wichtige Hinweise verdanke ich der bewährten, freundl. Unterstützung durch Dr. SINKÓ, Katalin, Budapest; Bettelheim, Anton (Hg.): Biographisches Jahrbuch und Deutscher Nekrolog. Bd.I,354. Berlin 1898.
36. Sammlung Sigrid NAGY, Berlin.
37. Für freundl. Hinweise danke ich Herrn Direktor Pál Cséfalvay, Keresztény Múzeum Esztergom.
38. Trivialisierung, vgl. PIESKE 1988,111.

Anhang

MIHÁLY KOVÁCS: *Árpád Fejedelemmé valasztatása*
hs.: Arpads Wahl zum Landesfürsten. Festette Kovács Mihály Egerben. Kõre rajzolta Marin-Lavigne, Parisban. Nyomtatta Lemercier, Parisban. A Pesti Müegyesület tagjainak 1854 évre

JÓZSEF MOLNÁR: *Dezsõ hõsi önfeláldozása királyáért, 1330 ik évben.*
hs.: Dezsö's Heldentod für seinen König, 1330. Festette Molnár József. Pesten 1855. Kõre rajzolta Charpentier, Amadée, Parisban. Nyomtatta Lemercier Parisban. A Pesti Müegyesület tagjainak 1855 évre. (Kunstwerke der Ausstellung, 3. u. 4.Jg.)

MIKLÓS BARABÁS: *meny megérkezése.*
hs.: Die Schwiegertochter, Braut. Festette
Barabás Miklós, Pesten.Kőre rajzolta Charpentier, A., Parisban. Nyomtatta Lemercier
Parisban. A Pesti Műegyesület tagjainak
1856 évre

MOR THAN: *Imre Király pártütő öccsét Endrét el-*
fogja, 1204. évben.
hs.: König Emerich führt seinen rebellischen Bruder Andreas in Gefangenschaft,
12o4. Festette Than Mor Pesten. Kőre
rajzolta Charpentier, A. Parisban. Nyomtatta Lemercier, Parisban. A Pesti Műegyesület Tagjainak 1857 évre

HENDRIK WEBER: *VIK. Ferdinand a kiralydombon*
pozsonyban 1830. évben
hs.: Ferdinand V. auf dem Königshügel in
Preßburg 1830. Festette Weber Hendrik
Pesten. Kőre rajzolta Charpentier, A. Parisban. Nyomtatta Lemercier Parisban. A
Pesti Müegyesület Tagjainak 1858 évre

KÁROLY LOTZ: *Magyar Müvelödes-törtenelmi fal-*
képek [Ungarische kulturgeschichtliche
Wandbiler]
Hs.: Grundbilder der ungarischen Kulturgeschichte. A Tud. Akadémia disztermében.
Könyves Kálmán Kora - Szent István
Kora - Nagy Lajos Kora. Fest. Lotz, Károly. A. Cs. Kir. Földrajzi Intézet Fénymetszete . Nyomt. a Cs. Kir. Földrajzi In-
tézet.Minden jog fenntartva. Az Orsz. M.
Képzömüvészeti Társulat müalapja 1889-re

LAJOS EBNER: *Nász - menet*
  Fest: Ebner Lajos. Paulussen R. Fénymets-
  zete. Kiadja: Az Orsz. M. Képzőmüvészeti
  Társulat. Minden jog fenntartva

DÖME SKUTEZKY: *Érdekes mese*
  Fest: Skutezky, Döme 1888. Paulussen, R.
  Fénymetszete. Kiadja: az Orsz. M. Képző-
  müvészeti Társulat. Minden jog fentartva

SÁNDOR WÁGNER: *Debreczeni Csikósverseny*
  Wagner fest. Minden jog fenntartva. Nyomt.
  a bécsi müsokszorositó társulat. Cs. Kir.
  Földrajzi Intézet fénymetszete.

Die Heilige Elisabeth im kleinen Andachtsbild

Sigrid Nagy (Berlin)

Die Heilige wurde in sehr vielen Variationen im kleinen Andachtsbild wiedergegeben, Ereignisse aus ihrem Leben und vor allem die Legende sind bis zur Gegenwart hin in Bild und Text dargestellt. Hierbei werden die Verflechtungen zwischen Deutschland und Ungarn sowie die vielseitigen Funktionen der Bildchen generell deutlich. Diesen Funktionen ist die folgende Untersuchung hauptsächlich gewidmet, da gerade durch das aktive Leben der Hl. Elisabeth von Thüringen immer wieder neue Impulse für die späteren Zeiten gegeben wurden. Die durch ihr Wirken ausgelösten und dann institutionalisierten Aktivitäten bedienten sich dabei der kleinen Andachtsbildchen als Kommunikationsmittel. Die mehr oder minder künstlerisch gestalteten Bildchen fanden ihren Weg als Erinnerungs-, Jubiläums- oder Gedenkbildchen, Aufnahme,- Bettel,- Quittungs-, Patronats-, Profeß-, Wallfahrts-, Fleiß-, Widmungs- und Sterbebildchen den Weg zu den Gläubigen.

Obwohl das Material für diese Untersuchung beschränkt ist, da nur drei Berliner Sammlungen zur Verfügung standen, wird doch Umfang und Variantenreichtum des Motives sichtbar. Dazu muß bemerkt werden, daß die benutzten Sammlungen umfassend angelegt wurden und keinesfalls mit dem Schwerpunkt "Hl. Elisabeth" zustande kamen. Es handelt sich um die Andachtsbildchen-Sammlung des Museums für Volkskunde Berlin, die jetzt etwa 8000 Stück umfaßt (bez. MVK Berlin) und um die Sammlung von Dr. Konrad Vanja (bez. Va. Berlin). Beide wurden als Ergänzung zu den mehr als achtzig Bildchen aus der Sammlung der Verf. (bez. Na. Berlin Reg.Nr.) herangezogen (derzeit rund 15 000 Stück).

Aus der Vielzahl der dabei feststellbaren und hier im Anhang aufgeführten Verlage dürfte außerdem deutlich werden, daß es wohl kaum einen Andachts- bzw. Heiligenbildchen-Verleger gegeben haben dürfte, der die Hl. Elisabeth von Thüringen nicht in seinem Angebot gehabt hätte. Sicherte doch schon der für den 19. November im Katholischen Heiligenkalender festgelegte Gedächtnistag der großen Heiligen des Mittelalters die Herstellung und den Verkauf solcher Bildchen bis in die Mitte unseres Jahrhunderts hinein.

Zur Lebensgeschichte der Heiligen: Elisabeth aus dem Hause Arpád wurde 1207 in Sáros Patak in Ungarn als Tochter des Ungarischen Königs Andreas II. und seiner Frau Gertrud von Andechs-Meran geboren. Aus politischen Gründen wurde sie 1208, erst einjährig, mit dem späteren Landgrafen Ludwig IV. von Thüringen verlobt und schon als Vierjährige 1211 von Pozsony (Preßburg) aus auf die Wartburg nach Thüringen gebracht. 1221 fand die Hochzeit statt, die glückliche Ehe war mit drei Kindern gesegnet. 1227 verstarb der Landgraf auf dem Kreuzzug nach Jerusalem. Elisabeth mußte die Wartburg verlassen, sie erhielt in großer Not Hilfe von ihrer Tante Mechthild, der Äbtissin von Kitzingen, ihrem Onkel Ekbert von Bamberg und ihrem Beichtvater Konrad von Marburg. "In Marburg errichtete sie ein Franziskushospital und widmete sich dem entsagungsvollen Dienst an Armen und Kranken"[1]. Nur vierundzwanzigjährig verstarb sie 1231 und wurde an ihrer Wirkungsstätte beigesetzt. Die Heiligsprechung durch Papst Gregor IX. erfolgte am 27. Mai 1235, ihre Gebeine wurden in die neu erbaute und nach ihr benannte Elisabethkirche in Marburg überführt.

Ihr gläubig frommes Wesen und ihr Wirken in der Christusnachfolge an Armen, Kranken, Notleidenden und Kindern, ein Bedürfnis, das sich bei ihr schon im Kindesalter zeigte, ist uns durch Berichte, vor allem aber durch Legenden überkommen. Hier sei besonders die zwischen 1263 und 1273 entstandene Legenda aurea des Dominikaners Jacobus de Voragine, der 1298 als Erzbischof von Genua starb, genannt[2]. - Die Hl. Elisabeth von Thüringen oder die Hl. Elisabeth aus dem Hause Arpád - Arpádházi szent Erzsébet -, wie die ungarische Nationalheilige in ihrem Heimatland genannt wird, wurde die Schutzheilige der Armen, Kranken, Witwen und auch Bäcker (Attribut Brotspende).

In ihrer geistigen Nachfolge kam es zur Gründung von Frauenkongregationen[3] wie den Grauen Schwestern, den Elisabethinnen, den Hospitalschwestern der hl. Elisabeth vom 3. Orden des hl. Franziskus, den Barmherzigen Schwestern von der hl. Elisabeth, den Blauen Schwestern von der hl. Elisabeth[4] und den Elisabethvereinen (Elisabeth-Konferenzen)[5], die sich als Laienvereinigungen in den Gemeinden unter dem Schutz der Hl. Elisabeth karitativen Aufgaben widmeten.- Diese Vereinigungen blieben keinesfalls auf die katholische Welt beschränkt.

Das erste evangelische Elisabeth-Hospital[6] ging aus dem Wirken von Johannes Evangelista Goßner (1773-1858) hervor[7], der von 1829 bis 1846 Pfarrer an der Bethlehemgemeinde zu Berlin war. Dort entstand am 16. November 1833 ein Frauenkranken-Verein nach dem Vorbild der Grauen Schwestern. 1837 wurde das neugebaute Krankenhaus eingeweiht, ein Jahr später erhielt es den Namen "Elisabeth-Krankenhaus" zur Erinnerung an die Dienste der Barmherzigkeit der Hl. Elisabeth von Thüringen. Es war aber auch eine Geste des Dankes gegenüber der damaligen Kronprinzessin Elisabeth, der späteren preußischen Königin (1801-1873), Gemahlin Friedrich Wilhelms IV. Königin Elisabeth, eine im katholischen Glauben aufgewachsene bayerische Prinzessin, gehörte zu den ersten Wohltäterinnen des

Frauen-Krankenvereines und übernahm 1846 das Protektorat über das Elisabeth-Krankenhaus[8].

Johannes Goßner, Verfasser zahlreicher Erbauungschriften, gab unter dem Titel, "Die heilige Elisabeth, die barmherzige Krankenfreundin", eine kurze Lebensgeschichte der Heiligen heraus. Das Büchlein war mit zwei Titelvignetten geschmückt, der Ansicht der Elisabethkirche zu Marburg, die seit der Reformation Evangelische Pfarrkirche ist, und des Elisabeth-Krankenhauses zu Berlin. Im Vorwort heißt es: "Da die liebe h. Elisabeth, die Königstochter, so gern eine Bettlerin für Arme in ihrem Leben sein wollte und auch war, so wollen wir sie auch jetzt nach ihrem Tode noch das ihr so liebe Amt einer Bettlerin für unsere armen Kranken in dem nach ihrem Namen genannten Elisabeth-Krankenhause - durch die Mitteilung ihres segensreichen Lebens - verrichten lassen".[9] Auch in der Gegenwart gehört die Heilige zum evangelischen Umkreis. Der "Evangelische Namens-Kalender", herausgegeben von der Lutherischen-Liturgischen Konferenz Deutschlands in Hannover 1984, setzt auf S.35 für den 19. November "Elisabeth von Thüringen, christliche Fürstin und Wohltäterin" als Namensvorschlag ein (Na. Berlin).

Zu den Heiligenbildchen: Etwa 150 Elisabeth-Bildchen, die in Berlin vorliegen, sollen auf ihre verschiedenen Funktionen hin untersucht werden.

1. Jubiläumsbildchen

Zum 700. Geburtstag der Hl. Elisabeth liegen drei Bildchen vor. Diese tragen alle auf der Rückseite in der linken unteren Ecke, einen Aufdruck im Oval: "* SZT ERZSEBET JUBILAEUM * POZSONY 1207 - 1907" [Hl. Elisabeth. Jubiläum Preßburg 1207 - 1907]. - Zum wirklichen Geburtsort der Hl. Elisabeth gibt es unterschiedliche Meinungen. Nach älteren Berichten soll es Sárospatak gewesen sein, jedoch vor allem in den in deutscher Sprache verfaßten Heiligenlegenden wird Preßburg genannt. Preßburg [Bratislava] war zwar erst von 1529 bis 1848 ungarische Hauptstadt, aber da der Überlieferung nach die vierjährige Elisabeth hier verlobt worden war, lag es nahe, auch hier das Jubiläum zu begehen. - Zwei dieser Bildchen haben das gleiche Motiv: Die jugendliche Elisabeth mit der Krone auf dem offenen Haar und roten Rosen im am Leib gerafften Umhang, ist aus dem hohen Burgtor getreten und reicht einem vor ihr knieenden Mann ein kleines rundes Brot. Eine seitlich vor ihr knieende Frau erhebt bittend die Hand. Vermutlich tragen beide die typische Alltagskleiduung der Gegend um Preßburg aus der Zeit der Entstehung des Bildchens. Auf der linken Bildseite über dem Bettler ist die Burg von Preßburg mit der am Bergfuß gelegenen Altstadt sichtbar. "Sancta Elisabeth Hungarica. 1207 - 1907" steht am unteren Bildrand, auf der Rückseite dann ein kurzer Lebensabriß und ein Gebet mit Bischöflicher Genehmigung in

Slowakisch gedruckt.- Das chromolithographierte und mit Golddruck versehene Bildchen (6 x 10 cm) enthält keine Verlagsangaben. Gut erhalten befindet es sich zwischen den Seiten eines alten ungarischen Gebetbuches (Na. Berlin).- (Abb.1) - Das andere Bild trägt auf der Rückseite den entsprechenden ungarischen Text. Die Bischöfliche Genehmigung wurde in Esztergom erteilt. Dieses Bildchen zeigt starke Benutzungsspuren durch zweimaliges Falten. Die Besitzerin,- sie hat auf der Rückseite mit Bleistift ihren Namen: "Unger, Kato" geschrieben,- hat versucht, durch Spannen von mehreren feinen Wollfäden durch je vier Einstichlöcher am oberen und unteren Rand und schräg zu den Ekken, dem Bild einen zusätzlichen Rahmen zu schaffen (Na. Berlin: 14301).- Beim dritten Bildchen ist die Rückseite mit dem gleichen slowakischen Text bedruckt worden wie das erste. Es wurde nach der ungarischen handschriftlichen Widmung, die sehr klein und z.T. verblichen und schwer lesbar am oberen Rand steht, einer Rosi von ihrem Katecheten zum Andenken gegeben. Die Bildseite zeigt die Hl. Elisabeth als Halbfigur, sie trägt Schleier und Krone und hält rosa und rote Rosen. Am unteren Bildrand steht: "Sancta Elisabeth hungarica 1207 - 1907". Auch diese Chromolithographie mit Golddruck (5,4 x 10,8 cm) trägt keine Verlagsangabe (Na. Berlin: 7596). Das gleiche Bildchen liegt noch

Abb. 1 *Sancta Elisabeth Hungarica 1207-1907. (Na. Berlin)*
Fotos von Claudia Obrocki, MVK Berlin

einmal vor, jedoch mit einem anderen Texteindruck in Deutsch. Am unteren Bildrand steht, in gleicher Drucktype ausgeführt wie beim vorigen Bild: "ST. ELISABETH". Auf der Rückseite befindet sich der von Cordula Peregrina (C. Wöhler)[10] verfaßte und mit Bischöflicher Approbation versehene Text: "Die heilige Elisabeth, Landgräfin von Thüringen". Neben der Legende der Heiligen stehen zwei Bibelsprüche (Spr. 22,9; Sir. 7,36) und ein Gebet. Mit Kopierstift wurde notiert: "1909, nov. 19 DT." Hier ist die Verlagsangabe, Heinrich Schneider, Höchst-St.Margarethen, eingedruckt (Na. Berlin). - Der 1903 gegründete Verlag Heinrich Schneider in Höchst bei Bregenz (Vorarlberg), der eine Filiale in St. Margarethen in der Schweiz hatte, muß der vorhandenen Produktion nach ein großer Andachts- und Gebetbuchbild-Verleger für die Länder der K.K. Monarchie gewesen sein. Ab 1924 lautet die Firmenbezeichenung "Seeverlag (H. Schneider) Höchst". Es ist wahrscheinlich, daß das 700 Jahr-Jubiläumsbildchen von 1907 in Zusammenhang mit einem Preßburger Auftraggeber bei H. Schneider in Höchst verlegt wurde, oder aber daß die von H. Schneider bezogenen Bildchen in einer Preßburger Druckerei mit Text versehen worden sind.

Von den Kapuzinern, P. Engelbert als Superior, P. Barnabas, P. Flavian und P. Canisius war "aus Anlaß des im Jahre 1907 auf dem heiligen Berge Andechs gefeierten 700jährigen Jubiläums der Geburt der hl. Elisabeth von

Thüringen" eine Hl. Mission abgehalten worden. Sie fand für die Pfarrgemeinde Erling-Andechs in der Benediktiner-Klosterkirche Andechs vom 17. bis 24. November 1907 statt. Das Erinnerungsbildchen (Chromolithographie mit Golddruck, 7 x 12,5 cm) ist mit kirchlicher Druckgenehmigung versehen und bei B. Kühlen, Mönchen-Gladbach, verlegt worden (Na. Berlin: 7314).(Abb.2.)

Hier soll eine Besonderheit vermerkt werden, die in dieser Form bislang nicht bekannt geworden ist: Anläßlich des 750. Geburtstages der Hl. Elisabeth wurde 1957 des geteilten deutschen Vaterlandes im Gebet gedacht! Das Bildchen, das keine Verlagsangabe enthält, ist auf der Rückseite mit einer kleingedruckten Ziffernfolge versehen. Sie könnte noch aus der Zeit vor der Anerkennung der DDR, also noch nach dem damaligen Sprachgebrauch SBZ (Sowjetische Besatzungszone) stammen. Ob damit bereits eine staatliche Druckgenehmigung der ehem. DDR gemeint ist, bleibt offen. Außer dem "Vater unser..." ist folgender Text gedruckt: "1207 Elisabethfeier 1957. 22.9.1957. Nach dem Vorbild und unter der Fürbitte der heiligen Elisabeth wollen die aus allen Teilen des Vaterlandes an ihren Gedenkstätten Versammelten den Willen Christi im Leben verwirklichen, den Er seinen Jüngern beim Abschied kundtat: 'daß alle eins seien...' und:' daß ihr einander liebt, wie ich euch geliebt habe,'. Zeichen dieses gmeinsamen Strebens sind: Der beständige Erweis brüderli-

S. Elisabeth.

Im Tode mußt du Alles verlassen, aber deine Liebeswerke und deine Almosen werden dich hinüber begleiten, u. wirst du dafür deinen Lohn erhalten.
-S. Franciscus.

Cum approb.eccl.   B. Kühlen, M. Gladbach.

Abb. 2 *Hl. Elisabeth. B. Kühlen, Mönchen-Gladbach.*
(Na. Berlin: 7314)
Fotos von Claudia Obrocki, MVK Berlin

cher Hilfe von Mensch zu Mensch und das tägliche Beten des Vaterunsers für die innere und äußere Einheit Deutschlands.'-Das Bildchen (7,7 x 10,3 cm, Autotypie) zeigt den Ausschnitt aus dem Brügger Altar mit der Hl. Elisabeth und den drei Kronen, die die im Jungfrauen-, Ehe- und Witwenstand erworbene Heiligkeit bedeuten (1642). Die Tafelmalerei von Gerard David (um 1460-1523) befindet sich im Stedelijke Musea, Brügge[11].

Die Hl. Elisabeth ist Patronin des Bischöflichen Amtes Erfurt-Meiningen. Im Dom zu Erfurt war 1236 die erfolgte Heiligsprechung durch den Erzbischof Siegfried III. von Mainz verkündet worden. Nun wurdein Erfurt am 20. September 1981 das Jubiläum zum 750. Todestag der Hl. Elisabeth begangen. Als Vertreter des Papstes feierte der Apostolische Nuntius Dr. Alois Muench mit 80 000 Wallfahrern die Messe zu Ehren der Hl. Elisabeth auf dem Erfurter Domplatz[12]. Zum Andenken an dieses Ereignis wurde ein Doppelbildchen herausgebracht (8,2 x 12,2 cm). Der Farbendruck ohne Rand weist ein Foto mit der Bezeichnung "Slomifoto" (Vermutl. eine Thüringer Fotowerkstatt). Die Vorderseite zeigt eine Stickerei auf dem Meßgewand in St. Pankratius, Oberhausen-Osterfeld, 1490, mit der Darstellung der Hl. Elisabeth in einfachen Franziskanergewand, in den Händen hält sie Brot und Becher. Der Text auf der Innenseite des Bildchens bezieht sich auf das Leben und Wirken der Heiligen mit einem Hinweis auf das Zweite Vatikanische Konzil, wo "das Leben der

Armut als ein Weg der Kirche in die Zukunft" betont wurde. Die Rückseite des Bildchens bringt ein Gebet zur Hl. Elisabeth. Gedruckt wurde es bei Seifferth in Waltershausen in Thüringen (Na. Berlin: 569). Die Dublette hierzu hat keinen Hinweis auf Zeit, Ort und Anlaß und ist ohne Verlagsangabe (Na. Berlin; 7464). Somit ist es als Heiligenbildchen zum 19. November einzuordnen.

Auch in der Gegenwart wird die Gedenk-Funktion weitergeführt: Am Anfang des Jahres 1981 war im Ungarischen Gymnasium in Kastl ü.Amberg, veranlaßt durch den Elternbeirat, ein "Heilige-Elisabeth-Wettbewerb" im Hinblick auf den 750. Todestag im Fach Kunsterziehung ausgeschrieben worden. Von 124 abgegebenen Schülerarbeiten wurden die besten aus drei Altersgruppen ermittelt und die preisgekrönten dann als Heiligenbilchen vervielfältigt.- Die auf Kunstdruckpapier in Farbendruck ohne Rand ausgeführten Bildchen (7,8 x 11,7 cm) sind auf der Rückseite mit folgendem Text versehen:

Arpádházi szent Erzsébét - Heilige Elisabeth_ St. Elizabeth of Hungary - Saint Elisabeth - 1231 - 1981 - ARPADHAZI SZENT ERZSEBET.-KÖNYÖRGJ ERTÜNK!- Ungarisches Gymnasium Kastl - Deutschland.

Den jeweiligen Bildchen ist außerdem der Name des betreffenden Schülers unter Anfügung der Klasse aufgedruckt, z.B. Kazinczy Erszébet 11. Kl.; Nagy Elisabeth 10. Kl.; Bambek Timea 10. Kl.: Huszár Erika 6. Kl. (Na. Berlin)[13]. (Abb. 3. und 4.)

Abb. 3 *Árpádházi szent Erzsébet. Ungar. Gymnasium Kastl,*
Deutschland (Erzsébet Kazinczy 11.Kl.). (Na. Berlin). S.
Fotos von Claudia Obrocki, MVK Berlin

Abb. 4 *Árpádházi szent Erzsébet. Ungar. Gymnasium Kastl, Deutschland (Elisabeth Nagy 10.Kl.). (Na. Berlin). S. Fotos von Claudia Obrocki, MVK Berlin*

2. Aufnahmebildchen

Eine andere Funktion erfüllen die Mitglieds-
oder Aufnahmebildchen, Kongregations-Scheine
oder -Zeugnisse, die als Bestätigung für die
Mitgliedschaft in einer Christ-katholischen Gemeinschaft dienen. Sie sind in der Regel hand-
schriftlich ausgefüllt und von einem Geistlichen
unterschrieben, dazu oft mit dem Kirchenstempel versehen. Ein Beispiel: Aus dem Aufnahme-
zeugnis in den "III.Orden des hl. Franziskus"
für Theresia Langes ist zu erfahren, daß sie am
26. II. 1922 in Welper eingekleidet wurde und
den Ordensnamen "Cresentia von Kaufbeuren",
dahinter hs. "6. April", annahm. Dort wurde sie
am 11. III. 1923 zur heiligen Profeß zugelassen
und vom Ordensleiter Pfarrvikar Kleff ins Or-
densregister 39 eingetragen. Unter diese Eintragungen wurde der Kirchenstempel der Kathol.
Kirchengemeinde St. Joseph Welper gesetzt.-
Hierbei handelt es sich um ein Doppelbildchen
(7 x 12,7 cm); der obige Text befindet sich auf
den beiden Mittelseiten. Die Vorderseite zeigt
im oben abgerundeten Farbdruck S. Maria, S.
Franziskus, S. Elisabeth, die Schutzpatrone des
Dritten Ordens. Für die Darstellung kann eine
Vorlage aus den Arbeiten des Schweizer Malers
Fritz Kunz (1868-1947) vermutet werden (Va.
Berlin).(Abb.5.)

Der Schein, den der St. Elisabethen-Verein
in München seinen Mitgliedern ausstellte, weist
die hl. Elisabeth beim Broteverteilen auf. Auf
dem vorliegenden Beispiel wird Frau Trenner

S. Maria, S. Franziskus, S. Elisabeth,
die heiligen Schutzpatrone
des Dritten Ordens

Abb. 5 *S. Maria, S. Franziscus, S. Elisabeth, die heiligen*
Schutzpatrone des Dritten Ordens. (Va. Berlin)
Fotos von Claudia Obrocki, MVK Berlin

St. Elisabethen-Verein

Eingeschrieben als Mitglied: *Frau Trenner.*

München, am *15. März* 19 *50*.

Der geistliche Vorstand:

O. Fandl

(Um Mitglied zu sein, genügt es, daß man den Verein monatlich, viertel-
jährlich oder jährlich mit einem Geldbeitrag unterstützt.)
In der Allerseelen-Oktav werden alljährlich in der Kongregations-(Dreifaltig-
keits-)Kirche drei hl. Seelenmessen gelesen für die verstorbenen Mitglieder;
auch wird für jede Person, die den Verein mit einem Legate bedenkt,
eine hl. Messe in derselben Kirche gelesen.

Abb. 6 *Aufnahmeschein 1950. Fr.X. Seitz, München.*
(Na. Berlin: 6051). S.XX . Diese Kopie muß genau zum Tect
gesetzt werden
Fotos von Claudia Obrocki, MVK Berlin

Abb. 7 *Caritas-Ablaßgebet. Freiburg i.Br. Holzschnitt von Luise Hoff (?). (Na. Berlin: 1133) Fotos von Claudia Obrocki, MVK Berlin*

als Mitglied am 15. März 1950 vom Geistlichen Vorstand O. Jandl eingeschrieben. Die Rückseite des Blattes führt die dem Verein zugewendeten verschiedenen Ablässe auf. Xylographie und Buchdruck sind von der Druckerei Franz X. Seitz in München ausgeführt worden. Zum Einlegen in das Gebetbuch ist der 14,7 x 21 cm große Schein einmal gefaltet worden (Na. Berlin: 6051). (Abb.6)

Mit einem Gebet zur heiligen Elisabeth als Beschützerin und Vorbild für die Werke der Caritas und einem Caritas-Ablaßgebet wurde mit kirchlicher Druckgenehmigung ein Dreifachfaltzettel vom Deutschen Caritasverband in Freiburg i. Br., Werthmannhaus, herausgegeben[14]. Er zeigt auf der ersten Seite (7 x 11,8 cm) die hl. Elisabeth als Almosenspenderin mit Brot und Krug mit zwei vor ihr knieenden Armen (Na. Berlin: 1133). (Abb.7). Das Künstlersignet LH verrät, daß es sich um die Wiedergabe eines Holzschnittes der Graphikerin Luise Hoff handelt, die 1900 als Tochter eines Domorganisten in Fünfkirchen (Pécs) in Ungarn geboren wurde[15].

3. Bettel- und Quittungsbildchen

Eine weitere Sparte stellen die sog. Bettelbildchen dar, wie sie volkstümlich genannt wurden. Durch den rückseitigen Text wurde die Bitte um Geld-, mitunter auch Sachspenden, für einen bestimmten Zweck ausgesprochen. So richtete z.B. der Krankenfürsorgeverein der

Drittordensgemeinde St. Anton (Kapuzinerkloster) in München während des I. Weltkrieges die herzliche Bitte an alle Drittordensgemeinden und Tertiaren, das Werk durch Geld, Lebensmittel, Wäsche usw. zu unterstützen. Damit wird ein Einblick in eine umfangreiche Arbeit in der zwölf Jahre zuvor erbauten Krankenanstalt (seit Kriegsbeginn Lazarett) mit Schwesternschule in Nymphenburg gegeben. - Das chromolithographierte und gestanzte Bildchen (6,4 x 11,2 cm) aus dem Kunstverlag Josef Müller in München zeigt mit dem Titel "Gründung des III. Ordens" die Reproduktion eines von Franz Hellweger (1812-1880) gemalten Bildchens[16]. Hier kniet das Landgrafenpaar vor dem Hl. Franziskus, der Elisabeth segnet. Da dieser Kunstverlag besonders bedeutungsvoll ist, mag hier einiges aus seinem Wirken eingefügt werden. Die Firma Ars sacra (Joseph Müller)[17] in München hatte im 700. Todesjahr der Hl. Elisabeth laut Firmenkatalog von 1931, achtzehn verschiedene Andachtsbildchenmotive dieser Heiligen im Angebot. Darunter befand sich die Elisabeth-Serie Nr.2753, die Kunstreprodutinonen nach Raffeiner, Steinle, Schaeffelein, Holbein[18], Ballenberger, Murillo, Müller-Warth und Leo Samberger unter den Nrn.2753 - 2760 umfaßte. Die Heilige ist bis auf ein Bildchen als Almosenspenderin dargestellt. Das Bild von Müller-Warth (Ars sacra 2759) zeigt das heilige Kind Elisabeth in dieser Tätigkeit. Nur bei Raffeiner erscheint das Rosenwunder. Dieses Bildmotiv befand sich auch auf einem "Aufstellaltärchen zum Antonius- und Elisabeth-Jubiläum. Nr.144 von E. Raffeiner" im linken Seitenflügel, während das Mittelbild die thronende Madonna mit musizierenden Engeln zeigte.

Auch die Missionare vom hh. Herzen Jesu aus dem Herz Jesu Missionshaus zu Hiltrup b. Münster i. Westf. wandten sich mit einem Bildchen an "alle frommen Personen, welche ein Opfer spenden für das Herz-Jesu-Missionshaus, auch genannt das Kleine Liebeswerk vom hh. Herzen Jesu." Diese Missionsgemeinschaft war 1854 gegründet worden und hatte niederländische, deutsche, italienische, französische und australische Ordensprovinzen[19]. Mit dem Sammelverein "Das Kleine Liebeswerk vom hlst. Herzen Jesu" hatte man 1866 begonnen, um die Ausbildung begabter, aber armer Knaben zu Priestermissionaren zu ermöglichen. Jahrelang wurden zu diesem Zweck neue Bildchen herausgegeben, die dem Spender von mindestens 10 Pf. als Andenken überreicht wurden. Das vorliegende Bildchen dürfte bald nach Errichtung der Norddeutschen Ordensprovinz im Jahre 1897 in Hiltrup herausgegeben worden sein. Es sollten die auszubildenden Missionare in den seit 1882 bestehenden Missionen in Neu-Pommern (Bismarck-Archipel, Deutsche Kolonie in der Südsee) eingesetzt werden.- Das Bildchen (Chromolithographie mit Golddruck, 7,2 x 12,6 cm) zeigt die Hl. Elisabeth als Halbfigur mit Rosen im ovalen Rahmen. Der Aufdruck "Eigentum der Missionare vom H. Herzen, in Antwerpen" weist auf die Internationalität der Bildhersteller hin (Na. Berlin: 5016). (Abb.8)

Andachtsbildchen konnten zu Quittungsbildchen werden, wenn auf ihnen geleistete Spenden quittiert wurden. Der Auftraggeber ließ durch den Hersteller die Rückseite vieler verschiedener Bildmotive mit Texten bedrucken, durch die der Zweck der Spende deutlich wurde. Später brauchte man nur noch den Namen des Spenders und die Summe eintragen. - So diente u.a. das von der GFCHKM unter der Nr.289 erschienene Farbendruckbildchen (7 x 11 cm), "H. Elisabeth v. Thüringen" dazu, Ursula Kurzeja zu bestätigen, daß sie "für ein Freibett im kath. Säuglingsheim zu Rostock 0,10 Mk gestiftet" habe, was unter Anführung von Luk. 18,6 und mit "Gott vergelt's!" der Pfarrer W. Leffers in Rostock bestätigte. Das Heiligenbild nach einem Original von Paul Beckert (1856-1922) stellt Elisabeth im Hermelinmantel mit Kreuzbroten zwischen Rosensträuchern dar. Über ihrem Haupt schwebt eine edelsteinbesetzte Krone als Zeichen der Heiligkeit (MVK Berlin). (Abb.9) - Ohne Nennung des Künstlernamens und mit geringen Umzeichnungen wurde dieses Bild auch von der Firma Krause, Grämer & Co. (Signet KGCo liiert) als Farbendruck mit Goldrand auf Chromokarton unter der Nr. 33/27 (5,1 x 9,2 cm) vertrieben. Es wurde in Ungarn 1950 erneut benutzt, wie es die handschriftlichen Eintragungen mit "Emlék Sáritol" [Erinnerung an

EIGENTHUM DER MISSIONARE VOM H HERZEN, IN ANTWERPEN

Abb. 8 *H. Elisabeth, bitte für uns. Eigenthum der Missionare vom H. Herzen, in Antwerpen. (Na. Berlin: 5016). Fotos von Claudia Obrocki, MVK Berlin*

P. Beckert   GFCHKM

H. Elisabeth v. Thüringen.

289

Abb. 9 *H. Elisabeth von Thüringen. GFCHKM: 289.*
P(aul) Beckert (geb. 1856) p. (MVK Berlin)
Fotos von Claudia Obrocki, MVK Berlin

Abb. 10 *Ohne Titel. Krause, Grämer & Co., Weßling.*
(Na. Berlin: 11072)
Fotos von Claudia Obrocki, MVK Berlin

Sári] und "Emlék Erdösy Máriátol 1950. I.14-én" [Erinnerung von Máriá Erdösy 14. I. 1950] ausweist (Na. Berlin: 11072). (Abb.10) Die Kunst- und Verlagsanstalt Krause, Grämer & Co. hatte vor dem II. Weltkrieg intensive Geschäftsverbindungen mit Ungarn[20]; viele Ungarn der älteren, aber auch der mittleren Generation empfinden diese Erzeugnisse als typisch ungarische Heiligenbildchen.

4. Patronatsbildchen

Heiligenbildchen konnten auch das Patronatsverhältnis von Kirchengemeinden dokumentieren. Von Erfurt wurde bereits gesprochen. Daß die Hl. Elisabeth als Patronin gewählt wurde, geschah z.B. 1940 in dem Stadtteil Rákoscaba-újtelep von Budapest. Dort wurde die St. Elisabeth-Kirche (Szent Erzsébet-templom) durch den Militärbischof a.D. István Zadravecz geweiht. Mit einem Erinnerungstext ist zu diesem Anlaß durch den Dekan der Kirche, Károly Lokaiczek, ein Bildchen herausgegeben und verteilt worden (Na. Berlin: 8025). Das dort gezeigte Rosenwundermotiv trägt die bisher nicht aufgelöste Künstlersignatur "HLACS". Mit einem Fürbittgebet zur Hl. Elisabeth und der Serienbezeichnung K 93 ist es vom Verlag KORDA RT, Budapest, der den "Jésus Szive Népleányai Társasága" gehörte, herausgegeben worden[21] In diesem Verlag erschien eine Serie ungarischer Heiliger, die derselbe Künstler entwarf. Das oben genannte

Elisabeth-Bildchen gehörte zu dieser Serie (6,2 x 10,2 cm). - Das Bildchen tritt mehrfach, wenn auch in unterschiedlicher Farbtönung, auf (Na. Berlin: 2908). Es konnte noch in den 80er Jahren am Devotionalienstand im Vorraum der Krönungskirche (Matthiaskirche) in Budapest als Fotografie in verschiedenen Ausführungen erworben werden: Als schwarz-weiß-Foto (6 x 9 cm) mit der Bezeichnung "ARPADH. SZT. ERZSEBET" (2537), ferner als Farbfotos mit der Künstlersignatur links unten, (5,3 x 9,6 cm und 8,3 x 13,4 cm), aber auch ohne die Signatur (5,7 x 9,3 cm). Der äußere Rahmenabschluß des eigentlichen Bildes ist auf keiner dieser Fotoaufnahmen vorhanden (Na. Berlin: 2539, 12287, 804).

5. Profeß- und Ordensjubiläumsbildchen

Sie dienten der Erinnerung an den endgültigen Eintritt in einen Orden. Auf einem ungarisch und französisch abgefaßten Profeßbildchen wurden unter Anführung "Magnificat Anima mea Dominum" noch die Verse Joh. 4,15 und Joh. 16,6 hinzugesetzt. Damit wurde bestätigt, daß "Fräulein Irén Kapitány als Schwester Mária Anna de Jésus am 29. Mai 1934 in den Carmel Saint-Joseph in Virton (Belgien) eingetreten ist.- Verlegt wurde das Bildchen (11,8 x 7 cm) von der Abtei de Maredret in braunem Tiefdruck auf elfenbeinfarbenen Papier; es trug die Darstellung der hl. Elisabeth mit Rosen und

Abb. 11 *Sancta Elisabeth. Abbaye de Maredret (Belgien).*
(Na. Berlin: 7648. 12288)
Fotos von Claudia Obrocki. MVK Berlin

Szenen von der Ausübung der Werke der Barmherzigkeit (7648). In dunklerem Farbton und kleineren Maßen, jedoch mit der Blattgröße 11,4 x 6,9 cm, wurde das Bildchen mit ungarischem Text und der Verlagsangabe "MARE-DRE-LITURGIA BP.9" herausgegeben (Na. Berlin: 12288).(Abb.11)

Auch am Jubiläumstage eines Ordeneintrittes weren oftmals Andachtsbildchen als Andenken verschenkt wie ein Beispiel von 1936: Es trägt den folgenden Text: "Zur Erinnerung an das Ordens-Jubiläum unserer Ehrwürdigen Mutter M. Mercedes. Breslau-Mutterhaus den 15. Mai 1936" schließt mit dem Gebet, "Heilige Mutter Elisabeth bitte für uns, daß wir würdig werden, deine Töchter zu sein". Dargestellt ist die Hl. Elisabeth als Almosenspenderin nach dem Original von Matthäus Schiestl (1869-1939), zur Bekräftigung sind Stellen aus Matth. 25, 35 und 40 zitiert. Das Bildchen (7 x 11 cm) war mit der kirchlichen Approbation versehen und wurde von der GFCHKM als Farbendruck herausgegeben (Na. Berlin: 3176).

6. Primiz- und Priesterjubiläumsbildchen

Unter der gleichen Verlagsnummer, jedoch auf der Bildseite versehen mit einem auf die Hl. Elisabeth bezogenen Auszug aus dem Grad[uale] saec[ulo] 15[22] wurde das mit polnischem Text bedruckte Bildchen von dem polnischen Franziskaner O. Tomasz anläßlich seiner

Matthäus Schiestl

Hl. Elisabeth von Thüringen
Du Beschützerin und Vorbild für die Werke
der Caritas, erflehe uns an Gottes Thron
Kraft und Stärke, auf daß wir mutig und
opferbereit wie du der Lehre und dem Beispiel des Gottessohnes nachfolgen und nicht
erlahmen in hingebender Hilfsbereitschaft.

A·f 35   Cum appr. eccl.

Abb. 12 *Heilige Elisabeth von Thüringen. Verlag Dr. Alfons*
Faulhaber München. Matthäus Schiestl (1869-1939) p.
(MVK 33 B 1534 B)
Fotos von Claudia Obrocki, MVK Berlin

Abb. 13 *Árpádházy Szent Erzsébet. Ecclesia, Budapest.*
Mihály Csiby del. (Na. Berlin: 2595).
Fotos von Claudia Obrocki, MVK Berlin

Priesterweihe und Primiz 1932 in Berlin verteilt (Na. Berlin: 3932).

Zum Andenken an die Feier seines 25jährigen Priester-Jubiläums vergab der Prior in Rattenberg, P. Felix M. Schwarzfischer O.S.M., im August 1930 in Roding ebenfalls dieses Bild nach Matthias Schiestl. Der Bildseite sind hier jedoch vier verschiedene Bibelverse beigegegeben worden (Na. Berlin: 2403). Nach Auflösung der GFCHKM wurde das Bildchen durch den ehemaligen Geschäftsführer Dr. Alfons Faulhaber unter seinem Verlagssignet mit der Nr.35 weiter verlegt[23] (MVK Berlin: 33 B 1534b). (Abb.12)

"Heilige Elisabeth du Ruhm Deutschlands" ist unter ein Klischeedruckbildchen (7,9 x 11,5 cm) ohne Verlagsangabe gesetzt worden, das eine Skulptur der Heiligen, wahrscheinlich aus der Stiftskirche Neuzelle/Oder zeigt. Die gekrönte Heilige steht auf einer von Putten bevölkerten Wolke. Sie halten je zwei Attribute: Zepter und Krone, Geldbeutel und Brot, Krone mit Gebetbuch. In der Stiftskirche Neuzelle/Oder wurde Leo Schwitulla am 12. April 1953 zum Priester geweiht (Na. Berlin: 1103)[24]. - In der ungarischen Stadt Szabadszállás feierte der Pfarrer Ferenc Tarjányi am 27. Juni 1982 seine Silberne Messe. Er wählte aus diesem Anlaß für sein Erinnerungsbildchen die "Arpádházi Szent Erszébet" nach der Zeichnung von Mihály Csiby. Das Farbendruckbildchen (7 x 11 cm) ist vom Verlag Ecclesia, Budapest, unter der Nr.72 verlegt worden (Na. Berlin: 2595).(Abb.13)

7. Exerzitienbildchen

Für die Freisinger Seminaristen fanden vom
5. bis 9.September 1940 in Fürstenried Exerzi-
tien statt, die von H.H.P. Eugen Schmidt S.J.
geleitet wurden. Alle 101 Teilnehmer sind im
Mittelteil des zum Andenken gegebenen Doppel-
bildchens namentlich aufgeführt worden. Das
mit einem Fürbittgebet versehene Bild stellt die
Hl. Elisabeth nach einem Original von Joseph
Maria Beckert (geb. 1889 in Berlin) dar. Die
Heilige kniet im Gebet vor einem großen Kruzifix in einer Kapelle, neben ihr die Attribute
Krone, brennende Kerze auf einem Leuchter
und eine Franziskanerkutte. Das Farbendruckbild
ist mit kirchlicher Approbation "Mon. 2871/40"
versehen. Der Druck des 7,5 x 11,5 cm großen
Doppelbildchen wurde von M. Greska, München, ausgeführt (Na. Berlin: 10464).

8. Wallfahrtsbildchen

Über eigentliche Elisabeth-Wallfahrten ist
nicht allzuviel bekannt; speziell zum Heiligenkult und Wallfahrtswesen in Marburg sei auf
die Untersuchung von Wolfgang Brückner hingewiesen[25]. In Erfurt wird zwar 1981 von der
großen Zahl der Wallfahrer gesprochen, es kann
sich dabei aber eher um einen allgemeinen Ausdruck für Teilnehmer an einem religiösen Ge-
denktag handeln. - Ein Sonderfall ist ein von
Franz Schemm in Nürnberg verlegtes Klappbild-

Abb. 14a *Andenken an Filippsdorf. Franz Schemm, Nürnberg.*
(MVK 1125/19993) (links)
Fotos von Claudia Obrocki, MVK Berlin

Abb. 14b *Hl. Elisabeth. (Na. Berlin, Kl. Ma. 1987-131). (rechts)*
Fotos von Claudia Obrocki, MVK Berlin

chen (5,6 x 9,8 cm), das dem Andenken der Hl. Elisabeth gewidmet ist. Es zeigt das Gnadenbild von Philippsdorf (Filippsdorf), einem Wallfahrtort in Nordböhmen, der seine Entstehung einer wunderbaren Krankenheilung durch die Jungfrau Maria verdankt[26]. Das Deckbild ist ein Glanzbildchen (Oblate) mit der hl. Elisabeth und ihrem Rosenkorb; wird es angehoben, befindet sich darunter ein aufgeklebtes Photographieton-Bildchen des Gnadenbildes (MVK Berlin: 1125/1993). (Abb.14) Hierbei muß ein Wallfahrtsbild durch weitere Hinzufügung in ein Heiligenbild umfunktioniert worden sein. Diese Montage ist vermutlich bereits durch den Verlag gemacht worden, da mehrere ähnliche Beispiele bei Schemm bekannt sind. Bestimmte Bildmotive wurden sogar, teilweise in mehreren Größen, sowohl als Glanzbildchen ausgestanzt als auch direkt auf Andachtsbildchen gedruckt. So läßt sich das hl. Elisabeth-Glanzbildchenmotiv hier in der Sammlung auch als Heiligenbildchen nachweisen (Na. Berlin: Kl. Ma. 1987-131; vgl. Anm. 10).

9. Fleiß-, Widmungs- und Kinderbildchen

Auch zu anderen Gelegenheiten wurden Andachtsbildchen mit Darstellungen der Hl. Elisabeth von Thüringen benutzt. Als Fleißbildchen dienten sie zur Anerkennung und Belobigung für gute schulische Leistungen wie bei dem Beispiel "Für Fleiß im Latein. 20. 8. 1886"

(Na. Berlin: 9070). - Heiligenbildchen konnten als Widmungsgraphik sehr persönliche Züge annehmen. So geschah es bei einem ungarischen Bildchen von 1930, das auf der Rückseite folgenden handgeschriebenen Text aufweist:

"Edes Anyuskámnak - Mikulásra, templomunk védöszentje könyörögjön érte - sok csók: Lacitól - 1930 dec. 6." [Meinem lieben Mütterchen zum Nikolaus. Der Schutzengel unserer Kirche soll für sie bitten. Viele Küsse von Lasci. 6. Dez. 1930]. Das Bild gibt eine Reproduktion nach der ungarischen Künstlerin Hollós E. (Eszter Mattioni-Hollós, geb. 1902 in Szekszárd) wieder[27]. Die Heilige ist von Bettlern umringt und reicht ihnen und dem anwesenden Christus Almosen. Mit der gedruckten Fürbitte zur Hl. Elisabeth wurde das Bildchen (Tiefdruck, 6,7 x 10,5 cm) von KORDA RT, Budapest verlegt (Na. Berlin: 7958). (Abb.15)

Die überlieferte Gebetsfreudigkeit der kleinen Elisabeth von Thüringen stellt der Kinderpfarrer P. Ambrosius Zürcher O.S.B. in einer katechetischen Auslegung den Kleinen als Vorbild vor Augen. Die Bildseite illustriert den Text. In Anwesenheit seines Schutzengels kniet ein kleines Mädchen auf einer Gebetbank vor dem Altar. Die Chromolithographie (5,7 x 8,8 cm) erschien bei Benziger & Co., Einsiedeln (Na.Berlin: 3343). - Für kleine Kinder war auch eine acht Darstellungen umfassende Bildchen-Serie gedacht, die die bekannte Kinderbuchautorin Ida Bohatta-Morpurgo (geb. 1900 in Wien) für den

KORDA RT   HOLLÓS E

Árpádházi szent Erzsébet
könyörögj érettünk!

Abb. 15 *Árpádházy szent Erzsébet. KORDA RT, Budapest.*
E(szter) Hollós del. (Na. Berlin: 7958)
Fotos von Claudia Obrocki, MVK Berlin

Verlag ARS SACRA in München gezeichnet hatte. Die nach dem Firmenkatalog von 1931 unter der Nr.2848 verlegten Bildchen zeigen die kleine heilige Elisabeth in Verrichtung verschiedener Tätigkeiten. Jede wird durch einen mehrere Zeilen umfassenden Vers erläutert. Die Zeichnungen sind mit dem Künstlersignet "I B M" versehen.

Die "Illustrierte Kinderlegende" von Th. Berthold war mit zwölf farbigen Einschaltbildchen nach den Originalkompositionen von Fr. Kunz ausgestattet worden. Jedes der, nur schmal am einem Rand zwischen die Seiten geklebten Bildchen, trägt zu dem Titel die Verlagsbezeichnung "Verl.-Anst. Benziger & Co. AG, Einsiedeln Deposé". Die Größe der Chromolithographien mit Golddruck beträgt 13,4 x 9,7. Die Bildchen sind möglicherweise nach Beschneiden des weißen Randes, also in etwas kleinerem Format, auch als Andachtsbildchen im Handel gewesen. Die ungewöhnliche Darstellung der jugendlichen Elisabeth von Thüringen mit ihren Gespielinnen auf einem Friedhof vor einem Grab an der Kirchenmauer, illustriert eine Legende. Sie soll zu ihren Gefährtinnen gesagt haben: "Die Leute, die hier begraben liegen, waren auch am Leben, wie wir; jetzt sind sie tot. Also wird auch uns geschehen. Darum sollen wir Gott lieben."[28]. (Abb.16)

Die heilige Elisabeth von
Thüringen.

Abb. 16 *Die hl. Elisabeth von Thüringen. Verlags-Anstalt Benziger & Co. AG, Einsiedeln (Schweiz). Nach Fr. Kunz del. (Na. Berlin) Fotos von Claudia Obrocki, MVK Berlin*

10. Sterbebildchen

Unter den drei vorhandenen Sterbebildchen ist das von 1937 für eine Elise N. (Na. Berlin: 1621) und das andere von 1956 für Elisabeth Sch. (Na. Berlin: 1622) zur frommen Erinnerung im Gebet gedruckt worden. Angeknüpft wurde hier an die Hl. Elisabeth als Namenstagsheilige (19. November). Heiligenbildchen zum Namenstage, mit handschriftlichen Widmungen ausgestattet, waren sehr verbreitet.

Zu den bedeutenden Verlegern solcher Bildchen um 1900 hatte Carl Poellath in Schrobenhausen (Bayern) und Rózsa Kálman és neje [K. Rózsa und Frau] in Budapest gehört. Poellath, der seine Bildchen in mehreren Sprachen auf den Markt brachte, hatte die mit ungarischen Texten bedruckten Bildchen mit Poellath (auch Pöllath) Károly, Schrobenhausen bezeichnet. Der Verlag Rózsa Kálman és neje brachte seine Bildchen mit ungarischen, deutschen, kroatischen, rumänischen, serbischen und slowakischen Texten in den Handel [29].

Aus späterer Zeit dürfte das in den vorliegenden Sammlungen vorhandene Heiligenbildchen sein, das aus der Beuroner Kunstschule[30] stammt und mit dem in Ungarisch aufgedruckten Fürbittgebet versehen, die Hl. Elisabeth darstellt. Unter der Nr.1084 war es vom Kunstverlag Beuron (Farbendruck mit Golddruck, 7,5 x 11,8 cm) verlegt worden (Na. Berlin: 7828).

Die Mehrzahl der aus den Berliner Sammlungen stammenden Bildchen zeigt die Hl. Eli-

H. HUBER-SULZEMOOS pinx.   MÜNCHEN

Selig die Barmherzigen, denn
sie werden Barmherzigkeit erlangen!
Hl. Elisabeth, bitte für uns!

B. H. K. M. 66

Abb. 17 *Hl. Elisabeth. B.H.K.M. 66 (Bernhard Huber,*
Kunstanstalt München). Farbendruck 6,5 x 9,6 cm. H(ans)
Huber-Sulzermoos (1873-1911) p. (Na. Berlin: 3293)
Fotos von Claudia Obrocki, MVK Berlin

S. Elisabeth.

Abb. 18 *S. Elisabeth BK 10556 (B. Kühlen, Mönchengladbach. Farbendruck, 6,5 x 9,6 cm. A(gustin) Kolb (1869-1943)del. (MVK Berlin: 33 B B 2) Fotos von Claudia Obrocki. MVK Berlin*

C. Gerhard

Hl. Elisabeth von Thüringen.
Die Liebe Christi drängt uns.
(2. Cor. 5, 14.)

Cum appr. eccl.

Abb. 19 *Hl. Elisabeth von Thüringen. GFCHKM, Farbendruck mit Goldrand 7 x 11 cm. C. Gerhard (geb. 1873) p. (MVK Berlin: 537/1992) Fotos von Claudia Obrocki. MVK Berlin*

sabeth als Almosenspenderin oder mit dem Rosenwunder (Na. Berlin: 3293). (Abb.17) Für die Zeitspanne der 1920er bis etwa in die 1960er Jahre ist außerdem zu beobachten, daß sehr viele Bildvorlagen von zeitgenössischen religiösen Künstlern stammen (MVK Berlin: 537/1992). (Abb. 18) - MVK Berlin: 33 B 2). (Abb. 19) Heute dagegen sind fast nur noch Reproduktionen von mittelalterlichen Kunstwerken aus der Malerei, Skulptur und Glasmalerei im Handel.- Ungarn bildet insofern eine Ausnahme, als daß die wenigen heute verlegten Elisabethbildchen in Zusammenhang mit einer Serie ungarischer Nationalheiliger stehen, die von ungarischen Künstern, wie z.B. Mihály Cziby oder Péter Prokop (geb. 1919), einem Priester und Maler aus Kalocsa, gemalt worden sind. Die Hl. Elisabeth ist stets mit Rosen dargestellt.

Im Jahre 2007, also in zwölf Jahren kann das nächste St. Elisabeth-Jubiläum aus Anlaß des 800. Geburtstages gefeiert werden. Man darf gespannt sein, ob die Botschaft dieser Heiligen, die auch heute nichts von ihrer Aktualität verloren hat, zu erneuter Auseinandersetzung in der Kunst und ebenso zu einer Umsetzung auch ins kleine Andachtsbildchen führen wird.

1. LThK² 1986, 3.Bd., Sp.819-820. Sankt Elisabeth. Fürstin, Dienerin, Heilige. Aufsätze, Dokumentation, Katalog. Ausstellung zum 750. Todestag der hl. Elisabeth. Marburg, Landgrafenschloß und Elisabethkirche. 19. Nov. 1981 - 6. Jan. 1982. Hg. von der Philipps-Universität Marburg in Verbindung mit dem Hessischen Landesamt für geschichtliche Landeskunde. Sigmaringen 1981. KIEL, Elfriede: Die große liebende St. Elisabeth. Leipzig 4 1976 (1966). Dies.: A szeretet nagy szentje, Arpadházi Erzsébet, Szent István Társulat, Budapest 1972. Ford. Possonyi László.- (Übersetzung ins Ungarische). Dies.: Die große liebende St. Elisabeth. In: Gelebter Glaube. Ein Magdeburger Heiligenbuch. Leipzig 1988,72-77.

2. Die Legenda aurea des Jacobus de Voragine. Aus dem Lateinischen Übersetzt von Richard Benz. Heidelberg 1979,874-895. Peter: Die heilige Elisabeth in der Legende. In: Die Heilige Elisabeth. Marburg 1982 (Marburger Reihe 17), 57-80.Ders.: Kultzeugnis und Kultintention. Die hl. Elisabeth von Thüringen in Mirakel, Sage und Lied. In: Jb. für Volksliedforschung, 27/28. Jg. 1982/83, S.40-61.- Die freundl. Hinweise verdanke ich Dr. Konrad Vanja, Berlin. Aus der überaus großen Zahl der Heiligenlegenden und Christkatholischen Hausbücher, die auch zumeist Abbildungen enthalten, können hier nur wenige Beispiele angeführt werden, u.a.: STOLZ, Alban: Legende oder der christl. Sternhimmel. Freiburg i.Br. 13.-15.Aufl. 1924, S.812-818. Ders.: Die gekreuzigte Barmherzigkeit. Die heilige Elisabeth. Freiburg i.Br. o.J. (Kalender für Zeit und Ewigkeit 1876).Bestlin, Karl Borromäus: Legenden der Heiligen für katholische

Schulen und Familien. Heiligenstadt (Eichsfeld) o.J. [1856],536-538.Schauber, Vera und Hans Michael SCHINDLER (Hg.): Die Heiligen und Namenspatrone im Jahreslauf. München 1985, 626-630. DRÖDER, Hector und Schwane (Hg.): Handpostille - Christkatholisches Unterrichts- und Erbauungsbuch nach dem ehrw. P. Leonhard Goffine. Dülmen i.W. (Imp. 1908), 618f. BITSCHNAU, Otto: Christliche Standes-Unterweisungen. Dresden [1898], 1926,360ff. RÜDIGER, Konstanz (Hg.): Die Christliche Familie nach P. Franz Tischlers Illustriertem Hausbuch. Köln a.Rh. 1930,258f. DÖRFLER, Peter: Die heilige Elisabeth. München 1930. NIGG, Walter: Die Heiligen kommen wieder. Leitbilder christlicher Existenz. Elisabeth von Thüringen. Hedwig von Schlesien. Nikolaus von Flüe. Freiburg i.Br. 5.Aufl. 1977 (1973) [Herder TB 468] PUSKELY, Mária: Arpádházi Szent Erzsébet. Róma 1981.

3. LThK ^{2} 1986, 3.Bd., Sp.820-821.
4. Ebd. 2.Bd., Sp.527.
5. Ebd. 3.Bd., Sp.821: Handbüchlein für die Elisabetharbeit. Hg. vom Generalsekretariat der Elisabethvereine. Freiburg i.Br. 1949.
6. Freundl. Hinweis von Frau Johanna Stäge, Berlin.
7. LThK ^{2} 1986, 4.Bd., Sp.1063-1064: Goßner, seit 1796 Priester, trat 1826 zum Protestantismus über.
8. 150 Jahre 1837 - 1987 Elisabeth Diakonissen- und Krankenhaus. Festschrift. Berlin 1987,14f.
9. Goßner, Johannes: Die Heilige Elisabeth, die barmherzige Krankenfreundin.- 2. Aufl. Berlin 1870 (Elisabeth-Krankenhaus, Lützowstr.24).- Besprechung im Volksblatt für Stadt und Land. Neinstedt/Quedlinburg. 27.Jg. 1870, No.18, Sp.285.

10. Zum Lebensbild von Cordula Peregrina (1845-1916) vgl. NAGY, Sigrid: Frommer Bildgebrauch. Die Andachtsbildchensammlung einer Internatsschülerin des Klosters St. Marienstern in Sachsen von 1910-1914. In: Jb. f. Vk. N.F.12, 1989,216f.

11. RECHBERG, Brigitte: Die heilige Elisabeth in der Kunst - Abbild, Vorbild, Wunschbild. Marburg 1983,121 Abb.72.

12. vgl. Anm. 1: Kiel,155

13. A Kastli Magyar Gimnázium évkönyve. Jahresbericht des Ungarischen Gymnasiums 1981/1982. Kastl ü. Amberg, S.38, Farbabb. S.36-37.- Das grundständige, Neusprachliche Gymnasium mit Mädchen- und Knabeninternat in Kastl, begann 1946 mit einem Flüchtlingslager bei Passau und erhielt 1956 nach der Zerschlagung des ungarischen Aufstandes seine Bedeutung als europäische und zugleich ungarische Schule für die ungarische Exiljugend. Dem Schulverein war 1957/58 die Burg Kastl - ein ehemaliges, mittelalterliches Benediktinerkloster - vom Freistaat Bayern zur Verfügung gestellt worden. Die Abiturprüfung wird nach den Vorschriften des Landes Bayern abgelegt. Zur Zeit der Entstehung der Elisabeth-Bildchen studierten dort rund 230 Mädchen und Jungen aus der Nachfolgegeneration. Sie kamen aus achtzehn verschiedenen europäischen Ländern, den USA und Südamerika.

14. Zur Geschichte des Caritasverbandes siehe LThK 2 1986, 2.Bd.,947.

15. Die Familie Hoff verlegte 1904 ihren Wohnsitz nach Sigmaringen in Schwaben. Nach dem Abitur im Ursulinenlyzeum in Koblenz studierte Luise Hoff (Albrecht-Hoff nach ihrer Vermählung) an der Münchner Kunstgewerbeschule. Sie hat neben Entwürfen zu Paramenten,

Kirchenfahnen, **Stempeln** auch **Scherenschnitte**, hauptsächlich aber religiöse Holzschnitte verfertigt. Es entstanden Exlibris, Weihnachtsbildchen und Neujahrsblätter, Gedächtnisblätter zur Erstkommunion, die in Farbendruck ausgeführt wurden.- Lit.: DOERING, Oskar: Eine Meisterin religiöser Holzschnitt-Kunst. In: Stadt Gottes. Kathol. Illustr. Familienzeitschrift, Steyl (Rhl.) 59.Jg. 1935/36, H.4, S.148-150.

16. Die Kenntnis dieses Bildchens verdanke ich der frdl. Hilfe von Dr. Cornelia Oelwein, Rosengarten.

17. Joseph Müller hatte vor dem 1. Weltkrieg Bildchen mit Texten in mehreren Sprachen, darunter auch ungarische verlegt. Unter der Firmierung "Ars sacra" erfolgte erst ab 1929 die Neuausgabe von Bildchen, vgl. Nagy, Anm. 10.

18. Die Hl. Elisabeth mit Bettlern von Hans Holbein d.Ä. (1465-1524) aus der linken Flügelinnenseite des Sebastiansaltares, der sich in der alten Pinakothek in München befindet, ist wiederholt auch von anderen Verlegern als Andachtsbildchen gedruckt worden. Z.B. von der Österreichischen Leo-Gesellschaft Nr.275 (3242), zusammen mit der rechten Flügelinnenseite, das die Hl. Barbara zeigt; vom Verlag Ver sacrum 3336 (Va) und als Ausschnitt, der nur den oberen Teil des Bildes zeigt, als Sterbebildmotiv (B 12) Ludwig Mayer, Augsburg (1622).

19. LThK [2] 1986,5.Bd., Sp.294f.,298; 6. Bd., Sp.1046. Die Hoffnung der Hoffnungslosen. Gebet- und Andachtsbüchlein vorzüglich für die Mitglieder der Allgemeinen Erzbruderschaft Unserer Lieben Frau vom Heiligsten Herzen. Münster i.W. (Impr. 1909), I-III.

20. Freundliche Mitteilung von Herrn Pfefferlein, Weßling a.See.

21. Eine Frauenkongregation der Jesuiten, die sich dem Herzen Jesu geweiht hatte.

22. LThK [2] 1986, 4.Bd., Sp.1158f.

23. vgl. Anm. 10, S.238f.

24. Das ehemalige Zisterzienserkloster Neuzelle beherbergte zu DDR-Zeiten das Priesterseminar Bernardinum. Eie vierzigjährige Tradition wurde nach dem Sommersemester im Juni 1983 beendigt. Die Stiftskirche, Unsere liebe Frau von Neuzelle, ist Wallfahrtsort in der Diaspora. LThK [2] 1986, Sp.931.- MÜLLER, Hans: Dome Kirchen Klöster. Kunstwerke aus zehn Jahrhunderten. Berlin/Leipzig 1884, S.179f.- SONNTAG, F.: Das Priesterseminar Bernardinum in Neuzelle. In: Jahr des Herrn 1958. Katholisches Hausbuch, Leipzig 7.Jg. 1957. S.268-272.- Katholische Kirchenzeitung für das Bistum Berlin, 49.Jg. Nr.12, 28. März 1993.

25. BRÜCKNER, Wolfgang: Zu Heiligenkult und Wallfahrtswesen im 13. Jahrhundert. Einordnungsversuch der volksfrommen Elisabeth-Verehrung in Marburg. In: Sankt Elisabeth Fürstin, Dienerin, Heilige. Sigmaringen 1981, S.117-127.

26. LThK [2] 1986, 8.Bd., Sp.465.

27. Diese Angaben verdanke ich der freundlichen Hilfe von Frau Dr. Eva Moskovszky, Budapest.

28. BERTHOLD, Th.: Illustrierte Kinder-Legende. Bilder aus dem Leben der Heiligen, den lieben Kindern zur Nachahmung dargestellt. Einsiedeln, Waldshut, Köln a.Rh., New York, Cincinnati, Chicago 1899, S.49.

29. GKB XII 1891,1, Sp.614-662. Coloman Rózsa und Frau seit 1877.

30. vgl. Anm. 10, S.238.

Abkürzungen und abgekürzt zitierte Literatur

ADB Allgemeine Deutsche Biographie, Bd. 1-56.
Leipzig 1875-1912.
Boetticher, Friedrich v.: Malerwerke des 19. Jahrhunderts, Bd. 1-3, Dresden 1895-1901.
***DDR** Deutsche Demokratische Republik (1949-1990)*
***GFCHKM** Gesellschaft für Christliche Kunst München*
***GKB** Gesamt-Verlags-Katalog des Deutschen Buchhandels, hrg. von A. Russell, Münster 1881-1894, Reprint Münster 1981ff.*
K.K. Kaiserlich Königlich
Kl. Ma. Kloster St. Marienstern (Na. Berlin 1987)
LCI Lexikon der Christlichen Ikonographie. I.- VIII. Bd. Rom/Freiburg/Basel/Wien 1968-1974.
LThK Lexikon für Theologie und Kirche
MVK Museum für Volkskunde, Stiftung Preußischer Kulturbesitz Berlin
Na. Berlin   Sammlung Nagy Berlin
Pieske, Christa
>   1988   Bilder für jedermann. Wandbilddrucke 1840-1940, mit einem Beitrag von Konrad Vanja. München 1988.
>   1995   Dies.: Die Graphische Sammlung des Stadtmuseums Stettin bis 1945. Katalog des Restbestandes. 2 Bde. Kiel 1995.

Reg. Nr. Registrier-Nummer (Sammlung Nagy)
Va. Berlin   Sammlung Vanja Berlin

Anhang I

Liste der Verlage, Druckereien und Herausgeber von Elisabeth-Bildchen

Abbaye de Maredret (Belgien)seit 1905
Antonius-Verlag. Solothurn (Schweiz)
Ars sacra, Münchengegr. 1896, seit 1929
Basevi, N.G., Mailand, Sign. N.B.
Benziger & Co. AG, Einsiedeln (Schweiz)gegr. 1792
Beuroner Kunstverlag, Beurongegr. 1892
Bouasse-Lebel-Lecene & Cie., Paris.gegr. 1845, seit 1914.
Deutscher Caritasverband, Freiburg i.Br.,Hrg.
Cordier, F.W., Heiligenstadt/Eichsfeldgegr. 1835, seit 1878
Eberle, Josef, Wiengegr. 1873
Ecclesia Szövetkezet, Budapest
Ettal, Benedikt.-Abtei, Buch-u.Kunstverlg.gegr. 1928
Faulhaber, Dr. Alfons, Kunstverl. Münchenseit 1941?
Gesellschaft f. Christliche Kunst, Münch.gegr. 1900
Greska, M. Münchengegr. 1871
Herz Jesu Missionshaus AntwerpenHrg.
Herz Jesu Missionshaus Hiltrup i.W.Hrg. seit 1897
Hoffmann, Wenzel (1788-1859), Prag
Huber, Bernhard, Kunstverl., Sign. B.H.K.M. gegr.1924
Kármelitatemplom, BudapestHrg.
Képcsarnok Nyomda (Ungarn)
Klauber, Augsburggegr. 1741, bis 1840
Korda R.T., Budapest
Kral, Josef, Abensberggegr. 1849
Krause, Grämer & Co., Weßling a.Seegegr. 1922
Kravogl, Johann, Innsbruckgegr. 1835, bis 1909
Kühlen, Bernhard, Mönchengladbachgegr. 1825
Langhammer, W., Hohenelbe19. Jh.
Lins, Gebhard, Feldkirch (Öster.), Sign.GLgegr. 1937

Mayer, Carl, Nürnberggegr. 1828, bis 1925
Mayer, Ludwig, Aufsburggegr. 1881
Missionsdruckerei AG, Steyl/Kaldenkirchengegr. 1876
Müller, Josef, Kunstanstalten, München gegr. 1896
Neuland-Verlag Joseph Bösl, Münch.-Pasing gegr. 1927
Nonnenwerth, Selbstverl. d. Franziskanerinnen, 1911 bis 1960
Oesterreichische Leo-Gesellschaft, Wiengegr. 1892, bis 1969
Pachmayer, Johannes, Prag1.H. 19.Jh.
Petöfi Nyomda (Wesprim, Ungarn)gegr. 1885
Pöllath, Carl, Schrobenhausengegr. 1790
Robrahn & Co., Magdeburggegr. 1823
Roth, Josef, Stuttgart Wiie?gegr. 1892
Rózsa, Kálman és neje, Budapestgegr. 1877
Rudl, Sigmund (1802-1864), Praggegr. 1844 ?
Sankt-Michael-Werk, Schopfheim
St. Norbertus-Verlag, Wien gegr. 1911
Schemm, Franz, Kunstverlag, Sign.F.Sch.N.gegr. 1871
Schleuter, Hubert, Karlsruhe, Sign.H.Sch.K.gegr. 1915
Schneider, Heinrich, Höchst (Vorarlb.)gegr. 1903
Seelsorgamt RegensburgHrg. seit 1980
Seeverlag (H. Schneider), Höchst, Sign. SVseit 1924
Seiffert, Edwin, Waltershausen Thür.gegr. 1932
Seitz, Franz X., Druckerei, Münchengegr. 1889
Spötl, Maria, Selbstverlag, Schwaz/Tirolgegr. 1935/36 Sign. VSM
Szent István Társulat, Budapestgegr. 1848
L. Turgis & Fils, Paris1820 - 1932
Ungarisches Gymnasium, Kastl/Oberpf.Hrg.
Verein z. Verbr. relig. Bilder in Düssdf.1842 - 1896
Ver sacrum, Rottenburg a. Neckar

Stereotype Bilder als Ausdruck zwischennationaler Beziehungen

OUTI TUOMI-NIKULA (Kiel)

Die Untersuchung kultureller Symbole, Selbstbilder und Fremdbilder gehört zur volkskundlichen Stereotypenforschung. Ihre Ziele sind die Gründe für die Entstehung von Stereotypen und ihre Tradierung im kulturellen Kontext zu erforschen. Bei dieser Zielsetzung will die Forschungsrichtung der Europäischen Ethnologie über die vielfältigen kulturellen Erscheinungen hinaus auch die sie bedingenden Bilder und Vorstellungen als Ausdruck kultureller Wertesysteme erforschen.

Es gibt zwei Gattungen von Stereotypen: Autostereotype oder Selbstbilder, die die eigenen Chraraktereigenschaften einer Nation, eines Volkes oder ethnischen Gruppe zu typisieren versuchen und Heterostereotype oder Fremdbilder, deren Gegenstand die Charakterisierung "der Anderen" ist. Je nach Ziel der zu typisierenden Fremdgruppe spricht man von nationalen, ethnischen oder rassistischen Stereotypen, Stereotypen von sozialen Gruppen, anderer Religionsgemeinschaften oder von stereotypen Rollenbildern[1].

Die Autostereotype spiegeln die Gruppenidentität eines Volkes, einer Nation oder Gruppe wider und verstärken sie. Sie heben Eigenschaften hervor, die kollektiv als positiv und ideal angesehen werden. Enthalten sie Selbstkritik, folgt dem negativ geprägten Autostereotyp allerdings stets eine Erklärung, die die Beurteilung rechtfertigen soll. Die Betonung der eigenen positiven Eigenschaften einer Nation kann auch als propagandistisches Mittel verwendet werden, wenn eine Gefahr von außen zu befürchten ist. Sie kann militärischer oder auch gesellschaftspolitischer Art sein, wenn z.B. einer ethnischen Gruppe oder einer Nation eine unerwünschte Assimilation in die Majoritätskultur droht. So z.B. in skandinavischen Ländern, in denen in den letzten Jahren eine Vielzahl von wissenschaftlichen Arbeiten über die Kultur-Identität, Selbstbilder und nationalen Symbole veröffentlicht wurden[2]. Der Anlaß mag der Beitritt skandinavischer Länder zur Europäischen Union sein, von dem sich die Skandinavier einerseits eine positiv wirkende wirtschaftliche Zusammenarbeit mit den Unionsmitgliedern erhoffen, der aber auch andererseits die Angst vor der Verschmelzung in die europäische "Gesamtkultur" schürt, die das Ende der kulturellen Autonomie bedeuten würde.

Neuere volkskundliche Untersuchungen der Deutschen über ihre eigene Identität, kulturellen Symbole und autostereotypen Darstellungen sucht man vergeblich. Als Gründe dafür werden

Faktoren wie die Heterogenität der Deutschen Kultur genannt, wobei eine Verallgemeinerung nicht möglich sei, und die zentrale Bedeutung Deutschlands im Herzen Europas, die eine kulturelle Abgrenzung problematisch mache. Erschwerend kommt die drückende Bürde aus der Zeit des deutschen Nationalsozialismus hinzu, in der die Stereotypisierung des Eigenen und Fremden zum festen Bestandteil der damaligen Politik wurde[3].

Auch wenn die Deutschen der Nachkriegszeit kein Interesse daran gehabt haben, sich selbst zu typisieren, wurden sie mehrmals zum Gegenstand der stereotypen Bilder anderer Nationen, von denen vor allem die Amerikaner, Russen und Dänen zu erwähnen sind[4]. Durch diese Veröffentlichungen wird der Mechanismus der Entstehung von Heterostereotypen bestätigt: Sie entstehen meist durch die Übernahme von Ansichten, Meinungen und Erwartungen ohne ausreichende eigene Erkenntnisbemühung oder Erfahrungsbasis. Dafür ist typisch, daß negative Eigenschaften einer Fremdgruppe als "charakteristisch" angesehen werden, positiv wahrgenommene Verhaltensweisen dagegen für situationsspezifisch, "zufällig". Flüchtige Kontakte oder historische Ereignisse werden dementsprechend selektiv wahrgenommen und beurteilt. Wenn bestimmte Merkmale als "typisch" auf ein ganzes Kollektiv übertragen werden und die Mehrzahl der Gruppenmitglieder sie kennt, akzeptiert oder teilt, ist ein Stereotyp entstanden. Kennzeichnend dafür sind u.a. starke Subjektivität, große Verallgemeinerungen, ungeordnetes Teilwissen, selektive Formen der Wahrnehmung, die Selbstaufwertung der eigenen und meist die Abwertung der anderen Gruppe. Darüberhinaus ist der Stereotyp starr, unwandelbar und meist in einem Satz beschreibar[5]. Dabei wird die Varianz der Eigenschaften innerhalb der beurteilten Gruppe auf ein Minimum reduziert, die zwischen den verschiedenen Gruppen auf ein Maximum erweitert[6], (wie z.B. "die Deutschen sind arbeitsam").

Neben den negativen Heterostereotypen existieren auch positive. Sie tragen meist landschaftlichen Charakter oder drücken positive Vorstellungen einiger Berufsgruppen aus, wie z.B. die der Ärtze, Gelehrte oder Künstler aus. In besonders günstigen Fällen können auch ganze Nationen Gegenstand positiver Einstellungen sein, wie das Heterostereotyp der Deutschen gegenüber den Griechen zeigt[7].

Der Gegenstand dieses Aufsatzes ist es, die heterostereotypen Bilder der Deutschen über die Finnen und vice versa als Ausdruck Spiegel ihrer wirtschaftlichen, politischen und kulturellen Beziehungen zu untersuchen. Dabei handelt es sich um zwei europäische Nationen, deren Bedeutung in der Geschichte Europas sehr unterschiedlich ist: Während Finnland durch seine geographische Lage und auch bevölkerungsmässig nur eine untergeordnete Rolle in der Geschichte Europas gespielt hat, haben die Deutschen sie mehrmals neu schreiben lassen. Das ist wohl auch ein Grund dafür, daß Heterostereotype von Deutschen mehrmals untersucht worden sind, über Finnen dagegen fehlen solche Untersuchungen fast gänzlich.

Die hier dargestellten Ergebnisse sind primär auf meine eigenen Erhebungen zurückzuführen, die ich sowohl in Finnland als auch in Deutschland durchgeführt habe[8].

Kontakte der Deutschen und Finnen im Spiegel der Zeit

Ausgehend von der Hypothese, daß die historischen Ereignisse sowie die kulturellen und wirtschaftlichen Kontakte zwischen zwei Nationen einen bedeutenden Faktor für die Entstehung der positiven oder negativen Heterostereotype gegenüber einer Nation spielen, läßt sich prinzipiell an dieser Stelle folgendes festhalten: Je friedlicher die Beziehungen zwischen zwei Nationen und je persönlicher, vielfältiger und fundierter die zwischenmenschlichen Erfahrungen voneinander sind, desto vorsichtiger und differenzierter werden die Meinungen über andere. Je fremder eine Ethnie oder Nation geographisch, kulturell und äußerlich und je weniger kognitives Wissen über sie vorhanden ist, desto größer werden die stereotypen Raster. Schon aufgrund der äußeren Merkmale - wie z.B. Haut- oder Haarfarbe, Kleidung oder religiöses Verhalten - werden weitere Charaktereigenschaften assoziiert, die der Wirklichkeit nur in Teilaspekten entsprechen. Noch schärfere Konturen in Form von negativen Urteilen erhalten Einstellungen zu einer Nation durch die Angst, die entweder auf realen Bedrohungen, z.B. militärischer Art oder nur eingebildet vorhanden sein kann, z.B. als Folge von Informationsdefiziten. Durch kriegerische Auseinandersetzungen zweier Nationen können regelrechte "Feindbilder" enstehen, die von Generation zu Generation überliefert werden und die trotz der politischen, kulturellen, wirtschaftlichen und gesellschaftlichen Veränderungen der befeindeten Nationen äußerst resistent dagegen sind[9].

Wie spiegeln sich die deutsch-finnischen Beziehungen in stereotypen Vorstellungen der Deutschen über Finnland und vice versa wieder? Um sie untersuchen zu können, ist ein kurzer historischer Abriss zur Entwicklung dieser reziproken Beziehungen notwendig.

Die Beziehungen der Deutschen und Finnen sind seit der Epoche der deutschen Hanse durch Handels- und Kulturkontakte geprägt und gefestigt worden[10]. Auch wenn auf finnischem Boden Hansestädte fehlten, gab es in der Stadt Turku eine Hanse-Faktorei, dessen Bedeutung insbesondere in der Blütezeit der Hansestadt Reval (Talinn) hervorgehoben wurde[11]. Zu dieser Zeit wohnten in finnischen Städten deutsche Kaufleute, die dort bis ins 16. Jahrhundert hinein eine Patrizierschicht bildeten und die den Handel des Landes unter sich aufteilten. Die Hansekaufleute haben auch im gesellschaftlichen und kulturellen Leben ihres Gastlandes tiefe Spuren hinterlassen. Durch sie wurden die hanseatische Stadtkultur und kaufmännische Organisationsformen auch in finnischen Küstenstädten angenommen und verbreitet. Es waren auch deutsche Hansekaufleute, die den Finnen einen direkten Zugang zu europäischen Mode- und Kulturströmungen ermöglichten. Für die damaligen freundschaftlichen Kontakte sprechen die zahlreichen Eheschließungen zwischen Deutschen und Finninnen. Beweise dafür, daß viele dieser deutsch-finnischen Familien in Finnland seßhaft wurden, sind die zahlreichen deutschstämmigen Familien- und Ortsnamen Süd- und Südostfinnlands[12].

Die Reformation hat eine neue Phase intensiver deutsch-finnischer Wechselbeziehungen eingeleitet. Bereits im 15. Jh. hatten Finnen an den deutschen Universitäten Leipzig, Erfurt, Rostock und Greifswald studiert, dann erst, seit 1640, als die Universität zu Turku gegründet wurde, gab es eine Möglichkeit im eigenen Land nach den höheren Weihen der Wissenschaft zu streben. Seit der Reformationszeit bevorzugten finnische Studierende vor allem die Universität Wittenberg als Ausbildungsstätte. Zu ihnen gehörte auch Mikael Agricola, der Reformator Finnlands.

Die Lehren Martin Luthers hatten ihren Einfluß nicht nur auf das religiöse Leben seiner Anhänger, sondern die Reformation hatte tiefgreifende Auswirkungen besonders in Werte-

und Moralvorstellungen der Finnen, sowie in Inhalten und Formen vieler ihrer Bräuche und Jahresfeste. Als Beispiel werden hier nur Elemente des Weihnachtsfestes genannt, wie z.B. der Adventskalender, das Aufstellen des Weihnachtsbaumes, Weihnachtsmann und viele der Weihnachtslieder - alle Innovationen des 19. Jahrhunderts aus dem protestantischen norddeutschen Raum der bürgerlichen Schichten[13].

Unliebsame Erinnerungen in deutschen Landen haben jene Finnen hinterlassen, die während des dreißigjährigen Krieges als Verteidiger des Protestantismus und schwedischer Großmachtinteressen im Heere Gustav Adolfs mitzogen. Sie erlangten wegen ihrer unerbittlichen Kampfesweise einen zweifelhaften Ruhm. Da Finnen jedoch damals unter der schwedischen Krone kämpften, ist nur wenigen Deutschen bekannt, daß die gefürchteten "Hakkapeliten" in der Tat finnischer Herkunft waren. Deshalb werden ihre Untaten den Schweden, und nicht den Finnen angelastet.

Die Kontakte Finnlands zum deutschen Geistesleben gingen auch im 17. und 18. Jahrhundert nicht ganz verloren, als der schwedische Einfluß in der finnischen Gesellschaft und Kirche dominierte und die alten hanseatischen Verbindungen gelockert und unterbrochen waren[14]. Von den deutschen Universitäten bewahrte Wittenberg seine Position als Reiseziel finnischer Theologen zu Beginn des 18. Jahrhunderts. Um die Jahrhundertwende übte die neue Universität in Halle starke Anziehungskraft aus. In der Mitte des Jahrhunderts übernahm schließlich die Göttinger Universität die führende Rolle als Ausbilddungsstätte finnischer Studenten. Dort waren in den Jahren 1734-1812 insgesamt 15 finnische Studenten immatrikuliert. Hinzu kommen noch drei Turkuer Professoren, die Göttingen während dieser Zeit besuchten[15].

Obwohl Finnland in den Jahren 1809-1917 als autonomer Staat dem russischen Zaren unterstellt war, blieben die Kontakte zwischen Finnen und Deutschen rege. Die während der Hansezeit begonnene Einwanderung der Deutschen nach Finnland hatte nun erneut Hochkonjuktur: in den Jahren 1841-1905 bekamen 575 Deutsche auf Antrag die finnische Staatsbürgerschaft. Es waren vor allem Kaufleute oder Händler und sie blieben aus wirtschaftlichen und privaten Gründen in Finnland, in denen die Eheschließungen zwischen Finnen und Deutschen eine wichtige Rolle spielten. Noch heute verraten Namen, wie Kaffeehaus Paulig oder Kaufhaus Stockmann die große Bedeutung der Deutschen und ihre bis heute andauernde Auswirkung auf die finnische Wirtschaft[16].

Auch die Tradition finnischer Studenten an deutschen Universitäten zu studieren, wurde fortgesetzt. Von dort breiteten sich die Ideen der deutschen Romantik aus, die in Finnland zur Sammlung der Volksdichtung anregte und im Jahre 1835 zur Entstehung des finnischen Epos Kalevala von Elias Lönnrot führte. Das

Kalevala hatte nicht nur enorme Bedeutung für die Entwicklung der finnischen nationalen Identität, sondern stellte auch eine geistige Grundlage für die Bestrebungen der Finnen nach politischer Unabhängigkeit dar. In diesen Bestrebungen leisteten die Deutschen einen wichtigen Beitrag: In dem norddeutschen Ort, Hohenlockstedt wurde von den Deutschen ein finnisches Jägerbataillon in der Stärke von 2000 Mann für den finnischen Freiheitskampf ausgebildet, das schließlich im Jahre 1918 eine entscheidende Rolle im Bürger- und Freiheitskrieg für die Unabhängigkeit Finnlands spielte. Noch heute künden in Hohenlockstedt finnische Straßennamen und ein Denkmal von der deutsch-finnischen Zusammenarbeit in jenen Jahren[17].

Die jahrhundertelangen freundschaftlichen Beziehungen wurden während des II Weltkrieges aufgrund des sog. Lapplandfeldzuges auf eine harte Probe gestellt. Diesem Kriegsereignis war eine Waffenbrüderschaft zwischen Finnen und Deutschen vorangegangen. Die freundschaftliche Beziehung änderte sich jedoch, als Finnland 1944 mit Russland einen Waffenstillstand vereinbarte. Eine der Bedingungen der Sowjetrussen war dabei, daß die deutschen Truppen, die damals im Norden Finnlands stationiert waren, das finnische Territorium binnen kurzer Zeit verlassen mußten. Es folgten eine Reihe von militärisch durchgeführten Maßnahmen der Deutschen - die nach dem Prinzip "verbrannte Erde" nordfinnische Städte, Dörfer und Einzelhöfe niederbrannten - die das Nachrücken der finnischen Truppen hinauszögern sollte. Ungeachtet der historischen Ursachen erschütterte dieser deutsche Rückzug das Vertrauen der Finnen in die befreundete deutsche Nation zutiefst, zu der man stolz, dankbar und ehrfürchtig aufgeblickt hatte. Für die Deutschen dagegen war dies nur ein Kriegsereignis unter vielen, das man in deutschen Geschichtsbüchern vergebens sucht[18].

Nach dem II Weltkrieg stabilisierten sich die Beziehungen zwischen den beiden Ländern wirtschaftlich und kulturell, so daß sich Deutschland zum zweitwichtigsten Handelspartner Finnlands entwickelte. Das deutsche Wirtschaftswunder trug dazu bei, daß insgesamt ca. 13 000 Menschen aus Finnland nach Deutschland migrierten. Es waren vor allem junge, sprachkundige und gut ausgebildete Frauen, die durch die Eheschließung mit einem Deutschen im Lande seßhaft wurden[19].

Das Finnland-Bild der Deutschen

Für einen Deutschen, der sich nicht speziell für Finnland interessiert, sind die Möglichkeiten, sich ein objektives Bild über Finnland zu machen, in Deutschland sehr begrenzt. Die Medien berichten über Finnland nur wenn es um wichtige politische oder sportliche Ereignisse geht. Auch wenn die Deutsch-Finnische Gesellschaft mit ihren rund 9000 Mitgliedern den drittgrößten deutsch-ausländischen Verein bildet, bleiben ihre Informationen meist in den Reihen einiger weniger "Finnlandfans" hängen[20].

Die Touristeninformation stellt einen interessanten Gegenstand der Stereotypenforschung dar. Da Finnland nie Ziel des Massentourismus gewesen ist, konzentriert sich die finnische Tourismuswerbung auf Individualreisende, die mit Natur-, Exotik- und Abenteuererwartungen nach Finnland gelockt werden. Dargestellt wird ein Land mit folgenden Attributen aus einem Prospekt:

"Wo finden Sie das heute noch - Bewegungsfreiheit in herrlicher, freier Natur, frische, saubere Luft, die neue Lebenskräfte weckt, und ein herrliches Willkommen eines gastfreundlichen Volkes.... Schauen Sie sich die Bilder in diesem Prospekt an. Typisch finnische Szenerie: klares, sauberes Wasser, verstreute Inseln, der Mensch in Harmonie mit der Natur"[21].

So ist es auch kein Wunder, daß die dominierende Vorstellung der Deutschen über Finnland ein landschaftliches Stereotyp ist, wie die üblichste Aussage der deutschen Informanten zeigt: "Finnland hat *viel Wasser, Wälder, saubere Natur, viel Platz für jeden, und es ist auch ein Land, das ich schon immer einmal besuchen wollte* !"[22] In wenigen negativen Aussagen wurden nur "*die vielen Mücken*" und "*das unangenehm kalte Klima*" genannt, die die Informanten mit der nördlichen Lage Finnlands verbanden oder die weniger angenehmen Erfahrungen ihrer Bekannten, die Finnland besucht hatten.

Das idealistisch-romantische Finnland-Bild hat in Deutschland eine lange Tradition. Es enstand spätestens im 19.Jh. durch die stark romantisierten Beschreibungen jener Reisenden, die Finnland erkundeten[23]. Unterstützt wurde dieses Stereotyp von der deutschen Presse, die in der Zeit nach dem I Weltkrieg die "edlen" Eigenschaften des finnischen Volkes, die Naturschönheit des Landes und Deutschfreundlichkeit seiner Bewohner hervorhob. Während das übrige Europa Deutschland als Kriegsverbrecher behandelte, konnte ein "Finnlandfahrer" in Finnland Bewunderung und Freundlichkeit erleben[24]. Für ihn war Finnland ein exotisches, naturwildes und etwas primitives Land, in dem die einfachen, aber herzensguten und gastfreundlichen Finnen wohnen[25]. Positiv überrascht soll er auch über die guten Deutschkenntnisse der Finnen gewesen sein, denn Deutsch als erste Fremdsprache, hielt seine Stellung im finnischen Schulwesen bis 1972[26]. Zum romantisch-idealistischen Finnlandbild trugen noch die finnischen Leistungen im Sport bei, so daß z.B. der legendäre Langläufer Paavo Nurmi noch 1986 in Hamburg als *"ein Finne, den man hier kennt"*, genannt wurde. Heute haben sich auch neue "Sportidole" in den Vordergrund gedrängt, wie die *finnischen Rallyefahrer und Skispringer*. Der jüngeren Generation war Finnland durch die "*tollen Filme*" bekannt; gemeint waren Filme von Aki Kaurismäki.

Nach dem II Weltkrieg begann sich das Bild über das Volk, das in der unmittelbarer Nähe der russischen Bedrohung lebte, zu entwickeln. In den 70er Jahren wurde dieses Bild noch mit dem abwertenden Terminus "Finnlandisierung" durch die deutsche Presse verstärkt. Diesen Begriff definiert der DUDEN folgendermaßen:

"zunehmende sowjetische Einflußnahme auf ein nach aussen hin von der Sowjetunion unabhängiges, scheinbar völlig selbstständig Politik treibendes Land, entsprechend dem Abhängigkeitsverhältnis, in dem Finnland zur Sowjetunion steht (Pol.)."[27]

Andere Äußerungen, wie "*Finnlands Abhängigkeit von Russland*" und "*Russlandfreundlichkeit*" wurden als negative Stereotype über Finnland verbreitet. Es ist jedoch anzumerken, daß die Rußlandfreundlichkeit nicht mit den Bürgern des Landes assoziiert wurde, sondern mit der finnischen Politik, in der der Name "*des Präsidenten Urho Kekkonen*" wiederholt erwähnt wurde.

Neben dem idealistisch-romantischen Stereotyp entstand in den 60er Jahren das Bild eines Wohlstands-Finnland. Der Anlaß dafür war der hohe Kurswert der Finnnmark gegenüber der DM und die Stigmatisierung Finnlands als teures Touristenland. Symbole aus Wohlstands-Finnland waren u.a. die Asko-Finternational-Möbelkette, Marimekko-Textilprodukte und Arabia-

Geschirr. Sie wurden damals als Statussymbole von der innovativen Intelligenz Deutschlands angenommen[28]. Kein Wunder also, daß Finnland als *"ein sehr teures Urlaubsland mit unerschwinglichen Alkoholpreisen"* angesehen wurde.

Auf die Frage nach den äußerlichen und den Charaktereigenschaften der finnischen Frauen glaubte man zu wissen, daß die *"Finninnen blond, blauäugig, sehr natürlich, aber auch selbstständig und emanzipiert"* sind. Die Männer wurden als *"tapfer" und "patriotisch"* bezeichnet, *"weil sie erfolgreich gegen die Russen gekämpft haben"*. Diese Heterostereotype entsprechen teilweise dem finnischen Selbstbild, in dem der Patriotismus und der hohe Emanzipationsgrad der Frauen im politischen, beruflichen und privaten Bereich des finnischen Alltagslebens hervorgehoben wird[29]. Überraschend war, daß die Sauna spontan nicht mit Finnland assoziiert wurde, auch wenn sie für die Finnen ein wichtiges nationales Symbol und den Kern ihrer Lebensweise darstellt[30].

Als negative Eigenschaften der Finnen wußten die deutschen Informanten, daß *"die Finnen gern trinken"* Außerdem waren einige überzeugt, *"daß Alkohol in Finnland verboten ist"*.

Begründet durch die Tatsache, daß der staatlich monopolisierte Alkohol in Finnland tatsächlich erheblich teurer ist als in Deutschland, stimmt dieses Stereotyp. Die Behauptung des Alkoholverbots dagegen ist längst überholt, denn das in Europa einmalige Prohibitionsgesetz

Finnlands war nur von 1919-1932 in kraft[31]. Was die "Trinkfreudigkeit" der Finnen betrifft, ist sie nur teilweise nachzuweisen. Tatsächlich ist der Alkoholkonsum der Finnen im pro-Kopf-Verbrauch erheblich niedriger als der der Deutschen. Gemeint sind wohl die kulturspezifischen Trinkgewohnheiten der Finnen, wonach dem Alkohol selten aber gründlich zugesprochen wird. Als Gründe für dieses Verhalten wurden u.a. die Tabuisierung des Alkohols genannt, wozu die protestantische Moral am stärksten beigetragen hat. Die finnischen Kulturanthropologen schreiben dem Zustand "betrunken zu sein" noch eine rituelle Bedeutung zu, in der Fremde durch hartes Trinken in den Kreis der Freunde aufgenommen werden[32].

Während die *"Waffenbrüderschaft"* der Finnen und Deutsche" mehrmals von männlichen Informanten fortgeschrittenen Alters genannt und als äußerst positiv für deutsch-finnische Beziehungen dargestellt wurde, war der Lapplandfeldzug keinem der deutschen Informanten bekannt. Außerdem wurden "*die jahrhundertelangen kulturellen Beziehungen beider Länder*" als Grundlage für das positive Finnlandbild angesehen. Darüberhinaus spielte die geographische Lage Finnlands als nordisches Land und als Teil Skandinaviens für die meisten Informanten eine entscheidende Rolle. Dies bestätigte die Aussage eines 62-jährigen Hamburgers wonach " *alles Gute aus dem Norden kommt"*.

Das Deutschland-Bild der Finnen

Für die Entstehung des Deutschlandbildes stehen den Finnen mehrere Informationsquellen zur Verfügung: Die Medien berichten relativ häufig über Ereignisse in Deutschland und auch deutsche Spielfilme im Fernsehen und Kino vermitteln Eindrücke über die deutsche Lebensweise. Den wichtigsten Faktor für die Stereotypisierung stellen jedoch die deutschen Touristen, als die größte und wichtigste Touristengruppe Finnlands überhaupt, dar. Die meisten Deutschen kommen nach Finnland, um dort einen Individualurlaub in einem Ferienhaus an einem der finnischen Seen zu verbringen.

Gegenüber den Deutschen, in deren Vorstellungen die landschaftlichen Stereotype über Finnland Vorrang hatten, scheint das Bild der finnischen Informanten und Informantinnen über Deutschland weniger ausgeprägt zu sein. Wenn Deutschland als landschaftliches Stereotyp überhaupt ein Begriff war, wurde es oft mit dem negativ gefärbten "*Ruhrgebie*t" gleichgestellt, das eine Assoziation mit einem verschmutzten hochindustriellen Land ohne freie Natur, Wälder und saubere Gewässer darstellte.

Die Bewertungen waren jedoch keineswegs nur negativ: Deutschland wurde auch als Land der "*besten Autos und Autobahnen der Welt*" bezeichnet. Weitere Gründe für die Bewunderung waren vor allen " *das Wirtschaftswunder*", "*die hochwertigen deutschen Elektroprodukte*", "*die Bierkultur*" und "*die deutsche Gemütlich-*

keit", die man mit dem Freistaat Bayern assozi-
ierte. Für die Bayern sprachen auch Vorstellungen, wonach " *die Deutschen Lederhosen tragen, literweise Bier trinken und Sauerkraut,
Bratwürste und Eisbein essen"*. Bilder, die sowohl die deutsche Touristeninformation als auch
Fernsehsendungen z.B. vom Münchener Okto-
berfest vermitteln.

Über die deutschen Charaktereigenschaften
glaubten die finnischen Informanten mehr zu
wissen. Danach sind die Deutschen vor allem "
*arbeitsam, sparsam, sehr ordungsliebend, aber
auch humorlos"*. Während die Arbeitsamkeit
eindeutig mit dem Wirtschaftswunder in Verbindung gebracht wurde, spiegelte die Aussage von
Sparsamkeit Erfahrungen über deutsche Touristen in Finnland wider. Demnach sind die Deutschen diejenigen, "die *alles aus Deutschland
mitbringen, vom Wohnwagen über das eigene
Boot bis zu Brot und Waschpulver, um bloß
keinen Pfennig in Finnland ausgeben zu müssen"* oder *"wenn sie mal im Restaurant essen,
nehmen sie sogar die Essensreste mit"* und
*"beim Frühstücksbuffet auf der Finnjet packen
sie Brote für die nächsten drei Tage ein"*. Außerdem wurde den Deutschen vorgeworfen, daß
*"sie ohne zu fragen im Wald Holz hacken und
Hütten bauen, als ob alles ihnen gehören würde"*.

Diese negativen Stereotype, die sich auch in
ethnischen Witzen über Deutsche insbesondere
in den 6oer und 70er Jahren niederschlugen[33],

stammen aus der Zeit, als sich die Vorstellung "des teuren Wohlstandsfinnlands" unter Deutschlandtouristen verbreitete. Um die Urlaubskosten niedrig zu halten und um in Finnland möglichst autark leben zu können, packten viele Deutsche ihr Auto voll. Die Finnen dagegen empfanden das als reine Ausbeutung ihres Landes. Die Vorwürfe des unerlaubten Hüttenbaus ist wohl auf ein Ereignis zurückzuführen, in dem eine Gruppe junger Deutscher am Anfang der 70er Jahre in Lappland tatsächlich eine Hütte gesetzeswidrig baute. Ausnahmslos bezogen die Informanten ihr Wissen auf dieses einmalige Geschehen, das in einer Zeitlang skandalösen Stoff für die Presse bot. Dieses Beispiel informiert auch generell über die Entstehung eines negativen Stereotyps: Es ensteht durch eine einzige negative Erfahrung, die als "typisch" auf das ganze Kollektiv übertragen wird.

Das von den Finnen erlebte schlechte Benehmen der Deutschen in Restaurants ist auf Defizite der Touristeninformation zurückzuführen, die einseitig die Freiheiten Finnlands anpreisen, aber vergaßen, Pflichten und Regeln zu erklären. Was für Finnen eine Selbstverständlichkeit darstellt, z.B.ohne Erlaubnis im Wald keine Bäume zu fällen, vermittelt einem Deutschen das Gefühl des freien Lebens in wilder Natur, die keinem gehört. Packten Deutsche die Essensreste oder Proviant im Restaurant ein, handelte es sich um die Tatsache, daß das skandinavische Buffet noch in den 6oer und 70er Jahren in Deutschland unbekannt war. Da es nicht ausdrücklich (z.B. durch Verbotsschilder) verboten war, vom Buffet Speisen außerhalb des Restaurants oder Speisesaals mitzunehmen, verstanden viele Deutsche das als stille Erlaubnis, wie mir eine 55-jährige Hamburgerin dieses Verhalten zu erklären versuchte.

Die Behauptung über die deutsche Ordnungsliebe, wird sowohl negativ als auch positiv angesehen. Negativ wird sie mit der deutschen "Hausfrauenmentalität" verbunden, in der Mann, Kinder und Küche der Berufstätigkeit oder den eigenen Interessen vorgezogen werden. Eine Vorstellung, die die finnischen Frauen nicht nachvollziehen oder akzeptieren können. Positiv wird es im Zusammenhang mit den deutschen Touristen assoziiert, die "*alles in Ordnung halten*" und die deshalb "*als sehr willkommene Gäste in Ferienhäuser*n" angesehen werden. An dieser Stelle ist auch zu betonen, daß diejenigen Befragten, die persönlichen Kontakt zu Deutschen hatten, fast ausnahmslos beeindruckt von "*der Art und Weise der Deutschen waren, wie aktiv sie die entstandenen Freundschaften mit den Finnen pflegten*". Einige vertraten auch die Ansicht, daß " *wenn ein Deutscher erst einmal Geschmack an Finnland gefunden hat, er für immer ein treuer und begeisterter Finnlandfreund bleibt*".

Arbeitsamkeit, Ordnungsliebe und Sparsamkeit als typisch deutsche Eigenschaften sind nicht nur Charakterisierungen der Finnen, sondern sie gehören auch bei Dänen, Amerikanern und Russen zum Deutschland-Bild. Überraschenderweise sind sie aber auch Teile des deutschen Autostereotyps, denn die Tradierung der sog. preussischen Tugenden im deutschen Selbstbild ist bis heute konstant und nachzuweisen[34].

Die Behauptungen, Deutsche seien "obrigkeitshörig, autoritätsabhängig" und "Menschen, die kritiklos gehorchen", sind auf das Trauma des "Lapplandfeldzuges" zurückzuführen. Noch klarer wird dies durch die Aussagen von *"Lapplands Mordbrennern"*. "Das sinnlose Abbrennen des nordfinnischen Territoriums" haben die Finnen bis heute nicht verarbeiten können. Dieser schmerzhafte Vertrauensbruch auf der emotionalen Ebene der Finnen hat dazu beigetragen, daß die früheren positiven Stereotype eine negative Färbung bekommen haben : Sparsamkeit wird zu Geiz und Arbeitsamkeit zu einer Eigenschaft des Menschen, die in ihrer Arbeitswut keine Zeit für andere haben.

Positives oder negatives Heterosteotyp?
- Ein Fazit

Die Charakterisierung Finnlands und der Finnen der Deutschen haben eine vornehmlich positive Färbung, die für Heterotereotype im allgemeinen nicht als typisch gelten. Die Gründe dafür sind in der jahrhundertelangen deutsch-finnischen Beziehungen, in der geringen Beteiligung

Finnlands in der europäischen Politik und in seiner geographischen Lage zu suchen. Demzufolge fehlen in Deutschland die historisch bedingten kollektiv-negativen Erfahrungen über Finnland, denn es hat für Deutschland in jedweder Hinsicht nie eine Konkurrenz dargestellt. Die beiden Länder haben keine gemeinsame Grenze, und sind - außer einem kurzen Zwischenfall im II Weltkrieg - nie in kriegerische Auseinandersetzungen verwickelt gewesen. Als vereinender Faktor dieser Länder ist auch die gemeinsame Konfession zu nennen, und die Zugehörigkeit Finnlands zum von Deutschen akzeptierten Skandinavien. Hinzu kommt, daß die Finnen in Deutschland eine außergewöhnliche Migrantengruppe darstellen, die gut in die deutsche Gesellschaft integriert ist[35]. Da die Finnen Deutschland als Urlaubziel nicht favorisieren, bleiben den Deutschen die negativen Randerscheinungen des Massentourismus der Finnen erspart. Die genannten Faktoren werden besonders wichtig, wenn das Finnland-Bild der Deutschen mit dem deutschen Polenbild verglichen wird. Die gemeinsame Grenze, wiederholte kriegerische Auseinandersetzungen, kollektiv unterschiedlich erlebte Mentalität, von Deutschen abweichende Politik und die polnischen Einwanderungswellen nach Deutschland haben dazu beigetragen, daß das Polenbild der Deutschen mit vielen negativen Attributen versehen ist[36].

Dem Finnland-Bild der Deutschen gegenüber ist das Bild der Finnen über Deutsche erheblich widersprüchlicher und beinhaltet auch rein negative Aussagen. Einerseits werden die Deutschen bewundert, andererseits aber zeigen sie Charaktereigenschaften, die im starken Kontrast zum finnischen Selbstbild und den kulturellen Werten stehen und deshalb als negativ angesehen werden. Nach Reinhold Dey, einem Hamburger Finnlandexperten, ist diese Zwiespältigkeit auf Komplexe der Finnen gegenüber den Deutschen zurückzuführen. Diese Komplexe sind einerseits die eigene Vorstellung der Finnen, wonach sie sich ihren Nachbarn (Schweden und Deutschland) gegenüber arm, langsam und provinziell vorkommen und andererseits die gemeinsamen politischen Ereignisse dieses Jahrhunderts mit Deutschland. Nach der Ausbildung des Jägerbataillons durch die Deutschen empfanden die Finnen tiefe Dankbarkeit ihnen gegenüber, denn der deutsche Beitrag wurde als eine Art Geburtshilfe für die finnische Selbstständigkeit angesehen. Auch ein Grund dafür, daß die Deutschen den Finnen gegenüber eine kräftige Portion Arroganz entwickelten. Ihre Dankbarkeit kleideten die Finnen später in die Form der Waffenbrüderschaft, die wiederum besonders für die Finnen ein traumatisches Ende fand. Einerseits gegen "Freunde" zu kämpfen und andererseits das unverständliche Verhalten der Deutschen lasteten den Finnen mit ihrem ausgeprägten Gefühl für Fairneß, schwer auf der Seele.[37]

Dieses einzige historische Ereignis hat dazu beigetragen, daß die früheren positiven Stereotype über Deutsche negative Inhalte bekamen. Es ist auch anzumerken, daß in den Jahren als die "Finlandisierung" in der deutschen Presse ein Thema war, in den deutsch-finnischen Beziehungen eine deutliche Abkühlung zu beobachten war, und die Finnen ihre Vorbilder statt in Deutschland in den USA fanden[38] Die jüngste Geschichte Finnlands läßt jedoch eine Wende prophezeien. Die Mitgliedschaft in der Europäischen Union hat das Interesse der Finnen für Deutschland wieder belebt. Deutsch als Fremdsprache erlebt zur Zeit eine Renaissance und die Reiselust nach Deutschland hat stark zugenommen. Mit der neuen Generation Finnlands wird sich zeigen, ob sich eine einzige kollektiv erlebte Negativ-Erfahrung jahrhundertelangen positiven wirtschaftlichen und kulturellen Beziehungen gegenüber in der

Negativ-Form der Stereotype weiterhin durchsetzen kann.

Anmerkungen

1. Vgl. Kiedl 1990,1-3; Gerndt 1988; Tuomi-Nikula 1993,89ff.
2. z.B. Daun 1989; Laine-Sveiby 1991; Korhonen (Hg.)1993; Ostergard (Hg.) 1992.
3. Ein Beispiel über die Stereotypisierung im Dienste der NS-Politik stellt das Buch von Martin

Wähler (1937) dar; Vgl.Tuomi-Nikula 1994,113-114.

4. Stampf & Stroebe & Jonas 1986; Wosnessenskaja 1991; Holzapfel 1993.
5. Quasthoff 1973,28; Tuomi-Nikula 1993,93.
6. Bernsdorf (Hg.), 1969,93.
7. Marinescu und Kiefl 1987.
8. In Finnland ließ ich 1986 insgesamt 33 Studenten und Studentinnen an der Universität zu Oulu auf Fragen über "typische" deutsche Eigenschaften berichten. Außerdem führte ich persönliche Interwievs über dieses Thema mit 24 Personen unterschiedlicher Berufe und Alter in den Städten Oulu und Jyväskylä durch. Die Informanten, die über ihre innlandkenntnisse und Vorstellungen über Finnland und Finnen gefragt wurden kamen aus Hamburg und Kiel. 1986 interviewte ich 47 Hamburger und Hamburgerinnen, die keine persönlichen Kontakte zu Finnland hatten und 1993 27 Studenten und Studentinnen an der Universität zu Kiel.
9. Tuomi-Nikula 1993,92-97.
10. Das Kapitel über die deutsch-finnischen Beziehungen bezieht sich hauptsächlich auf den Aufsatz von Hösch 1988.
11. Fischer 1981,10-11; Tiedon Värikäs Maailma 1974,Teil 5,92.
12. Tuomi-Nikula 1989,41-42; über die Beziehungen zwischen den deutschen Hansekaufleuten und finnischen Mädchen gibt es in den finnischen Volksüberlieferungen mehrere Beweise.. .
13. Vuolio 1981,46,91-94,131-138. .
14. Hösch 1988,13-29.
15. Heininen 1988,53.
16. Über Deutsche in Finnland, siehe Schweizer 1991.

17. Glismann 1962,95-116.
18. Nevakivi 1984.
19. Tuomi-Nikula 1987-1988,5 ff.
20. Tuomi-Nikula 1989,68-71.
21. Finnland-das Erlebnis. Finnland-Werbung des finnischen Fremdenverkehrsamtes. o.J..
22. Die kursiv gedruckten Texte sind Originalzitate der Informanten oder Informantinnen. Die deutschen Übersetzungen aus dem Fisnnischen stammen von der Autorin dieses Aufsatzes.
23. Arvi A. Karisto Oy (Hg.) 1984.
24. Tuomi-Nikula 1983, 94-96; vgl. Tuomi-Nikula 1989a, S.246-248.
25. Ein gutes Beispiel über das deutsche Finnland-Bild der 30er Jahre bietet das Manuskript " Die Finnnlandreise der Waldläufer im Jahre 1931" von Martin Jank; Ähnliche idealistisch-romantische Bilder liefert Strohmeyers "Mein finnisches Tagebuch"aus dem Jahre 1942.
26. Tuomi-Nikula 1989, 42-43.
27. Duden 5. Fremdwörterbuch 1982,252.
28. Tuomi-Nikula 1993a,22.
29. Vgl. Tuomi-Nikula 1993,105-106; Die Frau in Finnland 1993.
30. Korhonen 1993,95ff.
31. Fredrikson 1984,37.
32. Anttonen 1993, 55-57.
33. Ein Beispiel für einen typischen Ethnowitz aus der Zeit stellt der folgende Frage-Antwort -Witz dar: Frage: Wie lauten die Titel der drei dünnsten Bücher der Welt? Und die Antwort lautet: 1) Als Bergsteiger in Dänemark 2) Demokratische Bewegung in der DDR und 3) Deutscher Humor durch 2000 Jahre.

34. Wosnessenskaja 1991,35ff; Holzapfel 1993,53ff; Stapf, Stroebe, Jonas 1986,44ff, Tabelle 5,106; Tuomi-Nikula 1994,117-125.
35. Tuomi-Nikula 1989,155ff.
36. Voigt/Nettelmann 1986.
37. Dey 1985,11-115.
38. Vgl. Jokipii 1994; Tuomi-Nikula 1983.

Literatur

ANTTONEN, Veikko
    1993 Pysy Suomessa Pyhänä - onko Suomi us- konto?, In: Teppo Korhonen (Hg.), Mitä on suomalaisuus? Helsinki

BERNSDORF, Wilhelm(Hg.)
    1969 Wörterbuch der Soziologie. Stuttgart

DAUN, Åke
    1991 Svensk Mentalitet, Simrishamn

DEY, Reinhold
    1985 Finnland. Luzern

Die Frau in Finnland (Sonderausgabe)
(1993) In: Spirit of Finland 3

DUDEN 5
    1982 Das Fremdwörterbuch. Mannheim

Finnland-das Erlebnis. Touristeninformation des Fin- nischen Fremdenverkehrsamtes. o.J.

FISCHER, Bernd
    1981 Hanse-Städte. Geschichte und Kultur. Köln

FREDRIKSON, Erkki
    1984 Suomalaisen pontikan tarina. Jyväskylä

GERNDT, Helge (Hg.)
    1988 Stereotypvorstellungen im Alltagsleben. Beiträge zum Themenkreis Fremdbilder- Selbstbilder-Identität. Festschrift für Georg

R. Schroubek zum 65 Geburtstag(=
Münchener Beiträge zur Volkskunde 8),
München

GLIESMANN, H.A.
1962 Geschichte Lockstedter Lager Hohenlockstedt. Itzehoe

HEININEN, Simo
1988 Finnische Gelehrte in Göttingen während
des 18. Jahrhunderts, in: Gelehrte Kontakte
zwischen Finnland und Göttingen zur Zeit
der Aufklärung. Göttingen

HOLZAPFEL, Otto
1993 Das deutsche Gespenst. Wie die Dänen
die Deutschen und sich selbst sehen. Kiel

HÖSCH, Edgar
1988 Die historischen Voraussetzungen deutsch-
finnischer Begegnungen vor 1800,in: Gelehrte Kontakte zwischen Finnland und Göttingen zur Zeit der Aufklärung,Göttingen

JANK, Martin
Die Finnlandreise der Waldläufer im Jahre
1931 (unveröffentlichtes Manuskript).

JOKIPII, Mauno
1994 Suomi ja Saksa maamme itsenäisyyden
aikana (= Snellman-Instituutti A-Sarja
15/1994). Kuopio

KARISTO (Hg.)
1984 Lapin matkamiehiä. Hämeenlinna

KIEDL, Andrea
1990 Das Bild der Lüneburger Heide. Ein Beispiel für Wirkung und Funktion eines literarischen Stereotyps im Zusammenhang mit
der Entwicklung von Fremdenverkehr
(Diss. Hamburg), Hamburg

KORHONEN, Teppo (Hg.)
1993 Mitä on suomalaisuus? Helsinki

1993 Suomalaisuuden aineellisista symboleista, In: Teppo Korhonen (Hg.), Mitä on suomalaisuus?. Helsinki

LAINE-SVEIBY, Kati
1991 Suomalaisuus strategiana. Juva

MARINESCU, Marina und Walter Kiefl
1987 Unauffällige Fremde. Zur geringen Prägnanz des ethnischen Stereotyps der Griechen in der Bundesrepublik Deutschland, in: Zeitschrift für Volkskunde

NEVAKIVI, Jukka
1984 40 vuotta Lapin sodasta (10 -teilige Serie), in: Kaleva 2.9.-3.11.

ØSTERGÅRD, Uffe (Hg.)
1992 Dansk Identität? Aarhus

QUASTHOFF, Uta
1973 Soziales Vorurteil und Kommunikation - eine sprachwissenschaftliche Analyse eines Stereotyps. Ein interdiziplinärer Versuch im Bereich von der Linguistik, Sozialwissenschaft und Psychologie. Frankfurt a.M.

SCHWEITZER, Robert
1991 Lübecker in Finnland. Lübeck

STAPF, Kurt. H - Wolfgang STROEBE - Klaus JONAS
1986 Amerikaner über Deutschland und die Deutschen. Urteile und Vorurteile. Opladen

STROHMEYER, Curt
1942 Mein finnisches Tagebuch. Unter Suomis Bauern, Jägern und Soldaten. Berlin

TIEDON Värikas Maailma.
1975 Teil 5. Helsinki

TUOMI-NIKULA, Outi
1988 Acculturation in the ethnic mixed marriage, in: Ethnologia Fennica 1987-1988, Volume 16.

1989   Saksansuomalaiset. Tutkimus syntyperäisten suomalaisten akkulturaatiosta Saksan Liittotasavallassa ja Länsi-Berliinissä. Mänttä

1989a Suomalaisena Saksassa, in: Teppo Korhonen und Matti räsänen (Hg.), Kansa kuvastimessa, etnisyys ja identiteetti. Helsinki

1993   Stereotype und direkte interkulturelle Kommunikation,in: Kieler Blätter zur Volkskunde. Kiel

1993a Die Wohnungseinrichtung als Identitätsstütze bei den finnischen Migrantinnen und Migranten in Deutschland, in:Ethnologia Fennica, Vol 21.

1994   "Saksalaisuus" kansatieteellisen stereotyyppitutkimuksen kohteena, in: Pekka Leimu, Matti Mattila u.a., Arki ja ympäristö (=Scripta ethnologica aboensia 41).Turku

TUOMI-NIKULA Petri

1983   Suomen Saksan aloite, "Saksan paketti" Saksan Liittotasavallan lehdistössä 1971-1974. Poliittisen historian pro gradu -tutkielma Helsingin yliopistossa

VOIGT, G. - L. NETTELMANN

1986   Polen - Nation ohne Ausweg? München

VUOLIO, Kaisu

1981   Suomalainen Joulu. Porvoo

WOSNESSENSKAJA, Julia

1991   Was Russen über Deutsche denken. Interviews. Frakfurt am Main-Berlin

WÄHLER, Martin (Hg.)

1933   Der deutsche Volkscharakter. Eine Wesenskunde der deutschen Volkstämme und Volksschläge. Jena

Landschaftsfotografien auf Postkarten

KARIN WALTER (Hamburg)

Ein heute kaum mehr nachvollziehbarer Postkartenboom setzte in den 1890er Jahren ein. Die Korrespondenzkarte - so lautete zunächst die Bezeichnung - war seit 1870 in Deutschland postalisch zulässig und erfreute sich sogleich regen Zuspruches. Zu einem Massenartikel entwickelte sie sich aber erst ein Vierteljahrhundert später. Entscheidendes hatte sich geändert: Fotografien dienten nicht mehr nur als Anregung und Vorlage für graphische Umsetzungen, sondern konnten nun direkt auf Postkarten kopiert werden. Die umständliche und zeitaufwendige Herstellung einer Druckplatte - wie bei Lithographie und Lichtdruck notwendig - entfiel. Bei den fotografischen Kopierverfahren genügt ein Negativ als Vorlage. Die seit 1893 im Handel angebotenen Fotopapiere in Postkartenformat mit entsprechendem rückseitigem Aufdruck vereinfachten zusätzlich die Herstellung.[1]

Auslöser für den Postkartenboom war eine Produktneuheit der Neuen Photographischen Gesellschaft in Berlin (N.P.G.): der Rotationsdruck oder - so der bildlichere Terminus - die "Kilometer-Photographie". Die Sensibilisierung von Bromsilbergelatine-Entwicklungspapieren, das Kopieren der Negative und die Entwicklung der Fotopapiere war durch das Hintereinanderreihen aller notwendigen Maschinen zu einer Fabrikationsstraße rationalisiert worden. Dadurch war es erstmals mit Hilfe eines fotografischen Kopierverfahrens möglich, ähnlich wie beim photomechanischen Druckverfahren, massenhaft Vervielfältigungen herzustellen. Diese Abzüge von Negativen erhielten die Bezeichnung "Echt Photographien", um sie deutlich von den Drucken zu unterscheiden.

Der Rotationsdruck etablierte sich sehr schnell. Die Begeisterung über dieses Verfahren war bei den Fotografen jedoch nur von kurzer Dauer, denn bald erwies es sich als Konkurrenz für ihre eigenen Erzeugnisse. Dies wurde erstmals 1897 offensichtlich, als die N.P.G. Nachbestellungen von Orginalfotografien im Visitformat für etwa die Hälfte des üblichen Marktpreises anbot. In den folgenden Jahren spezialisierte sich die N.P.G. auf das Postkartenformat. Die von ihnen angebotenen Postkarten in "Bromsilber-Rotationsdruck" lassen sich in den zeitgenössischen Fotozeitschriften erstmals im Jahr 1898 nachweisen.[2]

Diese "Echt Photographien", aber auch Postkarten in anderen Techniken wie Lichtdruck und Autotypie, entwickelten sich im folgenden zu einem Verkaufsschlager. Erkennbar wird dies auch an der steigenden Zahl der Herstellerfirmen von "Postkarten mit Städteansichten". Laut Christa Pieske finden sich in den Papier-Adreßbüchern von 1892 erst 18 Unternehmen, 1904 ist ihre Anzahl dann bereits auf 280 angestiegen.[3]

Zunehmend ersetzten Postkarten die bis dahin gängigen Fotografien in Kabinett- und Visitformat und begannen, deren billiges und dadurch für fast alle Menschen verfügbares Surrogat zu werden. Die Folgen waren einschneidende Veränderungen im Fotografiegewerbe. In der *Wiener Freien Photographen-Zeitung* von 1898 wurde die Situation folgendermaßen geschildert: "Eine Haupteinnahmsquelle [sic] für die Photographen auf dem Lande war das Landschaftsfach; aber seit Einführung der Ansichtskarte hat dieses Fach ganz aufgehört, und fast niemand kauft mehr eine Cabinetansicht, bloß Ansichtskarten, weil bedeutend billiger".[4] Eine ähnliche Äußerung druckte auch das *Photographische Wochenblatt* 1898: "Nach Aussage der gewerblichen Landschaftsphotographen ist das Geschäft in Landschaften durch die illustrirte Postkarte erheblich zurückgegangen, weil das Bedürfniss nach Ansichten mit den Karten in billigster Weise durch Lichtdrucke befriedigt wird".[5]

Neben den Geschäftseinbußen stellte sich den Fotografen noch ein weiteres Problem, denn aufgrund der unglücklichen rechtlichen Lage war es ihnen nicht möglich, ihre Aufnahmen vor dem Nachdruck auf Postkarten zu schützen. Schuld daran war ein Reichsgesetz von 1876, das die Nachbildung von Fotografien auf "Werken der Industrie" ohne Zustimmung des Urhebers der Aufnahme erlaubte. Diese Regelung war zu einem Zeitpunkt entstanden, als die massenhafte Verbreitung von Fotografien auf Postkarten noch nicht absehbar war. Der Versuch scheiterte, diese Regelung nicht auf Postkarten zu übertragen. Ein Reichsgerichtsurteil vom Februar 1898 legte fest, daß auch Postkarten den "Werken der Industrie" zuzurechnen sind. Trotz massiver Proteste des Fotografiegewerbes änderte sich diese gesetzliche Regelung erst 1907 mit dem Erlaß eines neues Urheberrechtes.[6]

Preisverfall und fehlender Reproduktionsschutz hatten gravierenden Einfluß auf die Qualität der Landschaftsfotografien. Da keine Aussicht auf Gewinn bestand, fehlte den Fotografen jeglicher Anreiz zu neuen Aufnahmen. Zum Teil hielten sie sogar bislang unveröffentlichte Motive in der Hoffnung auf eine baldige Gesetzesänderung zurück. *Das Atelier des Photographen*, eine der führenden Fachzeitschriften, riet seinen Lesern - in erster Linie Berufsfotografen - im Jahr 1900 dringend davon ab, weiterhin Landschaftsaufnahmen zu machen, da diese nicht vor einer Reproduktion auf Postkarten geschützt werden könnten.[7] Postkartenreisende und örtliche Geschäftsleute schreckten teilweise nicht davor zurück, Aufnahmen der Fotografen zu kaufen und diese auf Postkarten reproduzieren zu lassen. Diese billigere Variante verhinderte den weiteren Verkauf der Originalabzüge.

Seit den 1880er Jahren hatten neue Techniken und verbesserte Ausrüstungen die Herstellung von Landschaftsaufnahmen erheblich vereinfacht. Das bis zu diesem Zeitpunkt geläufige nasse Kollodiumverfahren verlangte eine komplizierte Handhabung und einen immensen Aufwand an Ausrüstung. Die Fotografen konnten die Platten erst unmittelbar vor der Aufnahme präparieren und mußten diese dann noch in nassem Zustand belichten. Sie waren dadurch gezwungen, nicht nur die Kamera und das Aufnahmematerial, sondern fast die gesamte Laboreinrichtung ständig mit sich zu führen. Eine Tortur, der sich nur wenige Berufsfotografen unterzogen. Dementsprechend waren Außenaufnahmen in den 1860er Jahren noch relativ selten. Erste sich auf diesen Bereich spezialisierende Firmen entstanden in den 1870er Jahren. Die vereinfachte Technik in Folge der Anfang der 1880er Jahre auf den Markt gekommenen Gelatinetrockenplatten veränderte die Situation grundlegend. Für die bis dahin vornehmlich auf die Porträtfotografie spezialisierten Berufsfotografen eröffnete sich in der Landschaftsfotografie ein neuer lukrativer Erwerbszweig.

Insbesondere der Verkauf fotografischer Ansichten des Ortes und der Umgebung entwickelte sich zu einem guten Geschäft. Nahezu jedes Atelier hatte eine entsprechende Auswahl auf Lager. So umfaßte beispielsweise Anfang der

1890er Jahre das "Verzeichniss der hauptsächlichen Landschafts-Bilder in Cabinet-Photographie" des Aschaffenburger Fotografen Samhaber 55 verschiedene Motive. Das Sammeln von Serien wurde hier bewußt gefördert, indem auf den Bildrückseiten werbewirksam die gesamten bislang erschienenen Ansichten aufgeführt und zudem eine Fortsetzung der Serie angekündigt wurde.[8]

Einzelne Unternehmen wie "Braun & Co. in Dornach" und "Hertel in Mainz" engagierten Landschaftsfotografen, die in ihrem Auftrag systematisch alle touristisch stark besuchten Gegenden bereisten. Die dabei entstandenen Aufnahmen brachten sie dann in ganzen Kollektionen auf den Markt. Im Verhältnis dazu billiger und dementsprechend einer größeren Käuferschicht zugänglich waren die Landschaftsfotografien, die wenig später als Lichtdrucke in Kabinett- und Visitformat erschienen. In den achtziger Jahren brachte beispielsweise der Fotoverlag Römmler & Jonas, Dresden, eine Frankfurt-Lichtdruckserie im Kabinettformat heraus, die ab 1894 auch zusammenhängend als Leporello von zwölf Ansichten erhältlich war. Das gesamte Programm von Römmler & Jonas umfaßte zu diesem Zeitpunkt bereits 144 solcher Städteserien.[9]

Da sich innerhalb kürzester Zeit sehr viele Verlage auf diese neue Erwerbsquelle spezialisierten, kam es bald zu Überproduktionen. Bedingt durch den Wettbewerb begannen die Verleger, die Preise und dementsprechend auch die Qualitätsmaßstäbe für die Aufnahmen herabzusetzen. In der Landschaftsfotografie führte dies zu einem erheblichen Niveauverlust. Bezeichnend dafür ist eine 1896 in der Fachzeitschrift *Das Atelier des Photographen* veröffentlichte Klage über die "verzweifelte Langweile [sic]", die einem aus den "käuflichen Produkten der Landschaftsphotographie entgegengähnt"[10]. Der Ende der 1890er Jahre einsetzende Ansichtskartenboom tat sein übriges, den kommerziellen Vertrieb und die Qualität der Landschaftsfotografien herabzusetzen.

Diese Situation änderte sich erst mit dem steigenden Interesse der Amateurfotografen für die Landschaftsfotografie. Vereinfachte Aufnahmeverfahren und technische Neuentwicklungen machten das Fotografieren zunehmend auch für Laien attraktiv. Die anfangs eng mit den Berufsfotografen zusammenarbeitenden Amateure begannen, sich Ende der 1880er Jahre selbständig zu machen und eigene Vereine zu gründen. Der 1887 in Wien ins Leben gerufene "Club der Amateur-Photographen" war der erste seiner Art, in Deutschland folgten ihm ähnliche Gründungen 1889 in Regensburg und 1891 in Hamburg. Danach kam es zu einer enormen Gründungswelle, 1903 gab es bereits 190 eingetragene Amateurvereine.[11]

Das Interesse der Amateurfotografen konzentrierte sich zunächst im wesentlichen auf die Landschaftsfotografie. Losgelöst von ökonomischer Zweckgebundenheit hatten sie den Wunsch, ihre Arbeiten ganz bewußt von den kommmerziellen Fotografien abzuheben. Sie leiteten eine neue Sichtweise in die Landschaftsfotografie ein, wobei sie ihre Kriterien an der zeitgenössischen Malerei orientierten. Ihnen war nicht am reinen Ablichten, dem Dokumentieren des Vorgefundenen gelegen, sondern sie beschränkten sich bewußt auf einen bestimmten Ausschnitt. Einer der einflußreichsten Schirmherren der Hamburger Amateurfotografen, der Direktor der Hamburger Kunsthalle, Alfred Lichtwark, machte dies in seinen Forderungen deutlich, nicht eine ganze Landschaft mit ihrem mannigfaltigen Inhalt aufzunehmen, sondern "ein Feld, ein Kanal, eine Windung eines Baches, ein Weg mit Bäumen, statt eines ganzen Dorfes, ein einzelnes Haus oder Gehöft..."[12].

Die Amateure legten keinen Wert auf detailgenaue Ablichtungen. Entscheidend war für sie nicht, was sie fotografierten, sondern wie, d.h. die damit vermittelbare Stimmung. Sie entwickelten neue Stilmittel, beispielsweise die Unschärfe, in der sie ein "malerisches" Mittel sahen, um anstelle einer reinen Reproduktion der Natur eine künstlerisch gestaltete Fotografie zu erhalten. Die Nähe zur Malerei zeigt sich auch in der Forderung Max Allihns von 1888, für fotografische Aufnahmen nur die Stellen zu wählen, die auch für Gemälde richtig seien.[13] Ähnlich wie die Maler betrieben die Amateure vor ihren Aufnahmen aufwendige Studien, und entsprechend wohldurchdacht in Kombination und Bildausschnitt waren dann auch ihre Ergebnisse. Ihr eigener hoher Anspruch läßt sich an der selbstgewählten Bezeichnung "Kunstphotographen" ablesen. Die Theorien zu dem von ihnen propagierten Stil und entsprechende Bildbeispiele machten sie in Amateurzeitschriften, vor allem in der *Photographischen Rundschau,* und in eigens zu diesem Thema erschienenen Büchern publik. Außerdem waren ihre Arbeiten in den jährlich stattfindenden Ausstellungen zu sehen. Um neben den Besuchern jener Veranstaltungen - ohnehin an neuesten fotografischen Strömungen Interessierten - auch die breite Masse zu erreichen, begannen die Amateure kurz vor der Jahrhundertwende, ihre Arbeiten in Form von Postkarten zu reproduzieren. Sie folgten damit dem Vorbild der Maler, von denen selbst die namhaftesten - wie es 1898 im *Photographischen Centralblatt* heißt - es "nicht mehr verschmähen", eigens für die Vervielfältigung auf Postkarten "hübsche Landschaftsstudien" herzustellen.[14] In der Ansichtskarte sahen die Zeitgenossen neben dem Öldruck und dem illustrierten Familienblatt das "wichtigste Augen-Erziehungsmittel" - ein geeignetes Instrument, zur - so wörtlich - "unmittelbaren Erziehung zum Kunstschönen". Von den Fotografien gehe eine ungeheure Macht auf die Sehweise der meisten aus.[15] Gerade aufgrund ihres hohen Verbreitungsgrades auch unter den ansonsten noch nicht durch Medien erreichbaren unteren Bildungs- und Einkommensschichten galten Ansichtskarten als geeignetes Instrument zu der geforderten umfassenden Erziehung zur Kunst und für die allgemeine Geschmacksbildung.

Die Kunstphotographen könnten - so formulierte 1898 der Vorsitzende der Hamburger Amateurfotografen, Ernst Juhl, durch Einführung guter Vorbilder bei den Ansichtskarten "unendlichen Segen stiften"[16]. Entsprechend dieser Einschätzung ging auch die erste Initiative von der "Gesellschaft zur Förderung der Amateur-Photographie" aus. Den ersten Ansichtskartenverkauf veranstalteten sie während ihrer fünften internationalen Ausstellung, die vom 18. September bis 31. Oktober 1897 in der Hamburger Kunsthalle stattfand. Die 1200 Postkarten mit Hamburger Ansichten waren innerhalb weniger Tage vergriffen. Ermuntert durch diesen Erfolg erschienen dann, anläßlich der sechsten internationalen Ausstellung 1898, nach Aufnahmen von Mitgliedern der Gesellschaft 7 Serien à 6 Postkarten in Autotypie, 3 Karten in Heliogravüre und eine eigene Ausstellungspostkarte (Abb. 1). Der Preis von 50 Pfennig pro Serie entsprach dem bebilderten Ausstellungskatalog. Während der sechs Wochen dauernden Ausstellung wurden an der Kasse 1700 "künstlerische Ansichtskarten" und von Händlern in der Stadt weitere 1500 Exemplare verkauft. Ernst Juhl war von diesem Verkaufserfolg so angetan, daß er vorschlug, - wie seinen privaten Aufzeichnungen in einem Ausstellungskatalog von 1898 zu entnehmen ist -

Abb. 1 *Numerierte Ausstellungspostkarte einer nicht näher bezeichneten Veranstaltung. Im Text auf der Rückseite sendet ein "Albert Hübler die herzlichsten Saalgrüße" an "Fräulein Margarethe Zeidler von Tisch 17". Orginal im Besitz des Altonaer Museums in Hamburg - Norddeutsches Landesmuseum.*

den Vertrieb in eigenem Verlag zu übernehmen. Die Karten waren bislang auf Anregung des Vereins im Verlag von Wilhelm Knapp in Halle erschienen und der Verdienst hatte sich auf 50% des Einkaufspreises beschränkt.[17] Im darauffolgenden Jahr erschienen dann tatsächlich anläßlich der siebten Jahresausstellung 6 Serien à 6 Postkarten in eigener Regie. Der Preis von 50 Pfennig pro Serie entsprach dem des Vorjahres. Der Verkauf von 514 dieser Serien wertete Ernst Juhl wieder als Erfolg, insbesondere da dies erreicht worden war, ohne daß Hamburger Händler am Vertrieb der Postkarten beteiligt waren. Im Jahr 1900 gab es dennoch keine Neuauflage, während der Ausstellung verkaufte man nur mehr die Reste der vorangegangenen Jahre. Laut einer handschriftlichen Notiz Ernst Juhls betrugen die Einnahmen am Postkartenverkauf 11,30 Mark.[18]

Die Hamburger Initiative wirkte vorbildhaft auf andere Amateurfotografen und -vereine. Der eng mit dem Hamburger Verein verbundene und dort auch als korrespondierendes Mitglied geführte Otto Scharf, Vorsitzender der "Freien photographischen Vereinigung Krefeld", brachte Serien von 12 Karten mit Ansichten aus der Umgebung Krefelds heraus. Seine zweite, im Jahr 1902 erschienene Serie in Lichtdruck auf Büttenpapier kostete 1 Mark. Für ihre Qualität spricht, daß sie bereits ein Jahr zuvor im *Photographischen Centralblatt* abgedruckt waren.[19] Nicht so erfolgreich war ein Ansichtskartenwettbewerb des Chemnitzer Amateurvereins unter seinen Mitgliedern. Wie Adolf Thiele 1901 im *Photographischen Centralblatt* berichtete, entsprach das Resultat nicht den Erwartungen. Es gab zwar Karten, die "zum Teil in Nachahmung der Hamburger Vorbilder" ganz passabel waren, aber sich in der Motivwahl nicht von denen anderer Städte unterschieden. Beklagt wurde das Fehlen von Aufnahmen, die Chemnitzer Örtlichkeiten in ihren spezifischen Stimmungen und Beleuchtungen zeigen.[20] Die Ergebnisse der Hamburger Initiative blieben weiterhin wegweisend - noch 1902 empfahlen die *Photographischen Mitteilungen* diese Postkarten als Vorlagen für die künstlerische Ausbildung der Amateurfotografen.[21]

Erst mit einer zeitlichen Verzögerung begannen auch andere Amateurvereine, ihre Mitglieder zur Herstellung künstlerischer Ansichtskarten zu motivieren. In den Vereinsnachrichten der folgenden Jahre finden sich gehäuft Hinweise auf vereinsinterne Ansichtskartenausstellungen.[22] Meist waren spezielle Aufforderungen vorangegangen, wie im Fall des Berliner Amateurvereins, der seine Mitglieder 1906 anregte, ihre Sommeraufnahmen in Gestalt von Postkarten einzureichen.[23] In diesen Fällen folgten die Amateure der zeitgemäßen Vorliebe für das Postkartenformat und stellten eine geringe Menge im Handabzug her. Sie sind aber nur formal mit den Hamburger Serien vergleichbar. Der Wunsch, geschmacksbildend auf das Publikum zu wirken, scheint hier nicht mehr im Vordergrund gestanden zu haben.

Dieses Ziel verfolgte erst wieder explizit der "Verband Deutscher Amateurphotographen-Vereine" mit seiner 1910 in Hamburg unter seinen Mitgliedern initiierten Postkartenausstellung, die anschließend als Wanderausstellung an verschiedene Verbandsvereine weitergereicht wurde. Der Wettbewerb war mit der Auflage verbunden, die Sujets dem engeren Heimatkreis zu entnehmen. Die Veranstaltung beabsichtigte, "zur Hebung des allgemeinen Niveaus der Ansichtspostkarten" beizutragen.[24]

Besonders erfolgreich setzte der zunächst in Goslar, später dann in München ansässige Verleger Hermann Adolf Wiechmann die Hamburger Initiative fort. Er verbreitete in den Jahren vor und nach dem Ersten Weltkrieg Aufnahmen der Amateurfotografen auf Postkarten, Kunstblättern und in Büchern. Unter dem Sammelbegriff "Heimatbücher der Menschen" brachte er eine neuartige Buchreihe auf den Markt. Den Inhalt dieser Bücher vermitteln bereits die Titel: "Stimmungsbilder aus der Heide", "Stimmungsbilder aus dem Moor", "Mutter Erde. Stimmungsbilder aus der Natur" etc. Es handelt sich dabei um Zusammenstellungen von fotografischen Aufnahmen mit Werken deutscher Dichter. Laut eigener Verlagswerbung sollen diese Bücher in Wort und Bild von der "Heimat erzählen", "den Freunden der Natur zum Genuß, den anderen zur Anregung, den Weg reiner Lebensfreude mitzugehen". Nach Ansicht Wiechmanns sind diese Bücher "die Quelle der Ruhe und des Glückes für die Millionen, welche nach des Tages Hetzjagd Frieden und Lebensfreude suchen". Für die Illustrierung dieser Bücher griff er auf die Landschaftsaufnahmen der Kunstphotographen zurück. Weitaus die meisten stammen von den beiden aktivsten und wichtigsten Vertretern der Hamburger Amateurfotografen, den Brüdern Oskar (1868-1943) und Theodor (1871-1937) Hofmeister. Berühmt waren sie in erster Linie aufgrund ihrer Porträtaufnahmen und ihrer Gummidrucke - diese Technik hatte unter ihnen eine neue Blüte erlangt. Daneben gerieten ihre Landschaftsaufnahmen, die sie in der näheren Umgebung von Hamburg, aber auch während ihrer Reisen kreuz und quer durch Deutschland fotografierten, fast in Vergessenheit. Bezeichnend dafür ist, daß diese Glasnegative in Unkenntnis ihres Wertes nach ihrem Tod vernichtet wurden.

Ihre Landschaftsaufnahmen dokumentieren deutlich die Sichtweise der Amateurfotografen. Ihren Aufnahmen gingen aufwendige Studien voraus. Als Motive wählten sie keine ungewöhnlichen geologischen Formationen oder außergewöhnliche Naturvorkommen, sondern unscheinbare Flecken und stille Winkel. In ihren Landschaftsausschnitten fehlen meist jegliche Anzeichen von Zivilisation. Die seltenen Dorfansichten wirken nur beschaulich, Anhaltspunkte zur genaueren Lokalisierung werden nicht gegeben (Abb. 2). Zeit und Ort sind austauschbar, nur die malerischen Qualitäten des Motives zählen. Subjektive Natureindrücke wie Wolkenformationen, lichtdurchflutetes Laub und Sonnenuntergänge werden zum Bildinhalt (Abb. 3). Bildtitel der Postkarten wie "Vorfrühling", "Sehnsucht", "Waldandacht" machen die Absicht überdeutlich, Stimmungen zu erzeugen. Die Titel sind dabei so allgemein formuliert, daß sie gleich für mehrere Aufnahmen passen.

Um die Jahrhundertwende stießen die Landschaftsaufnahmen der Amateurfotografen auf Kritik. Wie um 1915 W. Lennemann in den *Leipziger Neuesten Nachrichten* in einer Besprechung der Wiechmann-Buchreihe rückblickend resümierte, wurde über den "Kunstwert" dieser Fotografien um die Jahrhundertwende viel gestritten, aufgrund der "Mitnahme des Zufälligen und Unwesentlichen im Bild" sahen einige damals die "Wesenseigentümlichkeiten der Kunst" nicht mehr gegeben.[25] Zwischenzeitlich hatte sich diese Meinung geändert, man sprach ihnen in Anlehnung an Motivparallelen zur Malerei einen Kunstwert zu. Albert Segel, ein weiterer Rezensent der Wiechmann-Buchreihe, schrieb um 1915 in Bezug auf die Abbildungen: "Von den Worpswedern her vertraute Stimmungen umfangen uns: silberleuchtende Birken und drohende Wacholderbäume; endlose Heidestrecken, aus denen ein Hünengrab aufdämmert; dunkle Moorflächen, von Kanälen mit einsamen Booten durchzogen; stille einfache Menschen unter strohbedecktem Dach oder bei Schafen und Pferden auf heidebewachsenem Sandwege, fern vom hastenden Getriebe, wie es uns umbrandet..."[26]. Diese Parallelen waren beachsichtigt, denn wie die Maler zogen die Fotografen in den späten 1890er Jahren zu Studienzwecken aufs Land. Oskar und Theodor Hofmeister beispielsweise hielten sich 1898 in Worpswede auf, zu einem Zeitpunkt, als das Dorf gerade zum Treffpunkt der deutschen Landschaftsmaler avancierte.[27]

Der Verleger Wiechmann kombinierte die "Stimmungsbilder der Natur" mit Werken von Dichtern der Klassik und Romantik wie Clemens Brentano, Joseph von Eichendorff, Annette von Droste-Hülshoff, Johann Wolfgang von Goethe etc. Diese fanden gerade in der antinaturalistischen Kunstströmung bis in die Zeit um 1920 neue Wertschätzung, weil sie sich um die Wiedergabe von Stimmungen statt um die Erfindung von Geschichten, um Darstellung statt um Betrachtung und um Eindrücke statt Unterhaltung bemühten.[28]

Wiechmann traf mit seinen Büchern den Geschmack der Zeitgenossen. Von dem Titel "Stimmungsbilder aus dem Moor" erschien 1921 bereits die 15. Auflage, auch die "Wandertage im Thüringer Wald und dem Hohen Rhön" wurden 1922 zum dreizehntenmal neu aufgelegt. Einige der dort veröffentlichten Aufnahmen vertrieb Wiechmann außerdem noch in verkleinertem Maßstab als Kunst-Postkarten in Kupfertief-

Abb. 2 *Theodor und Oskar Hofmeister: "Die Heimat". Postkarte in Kupfertiefdruck vom Verlag Hermann A. Wiechmann, München. Aus der Serie "Aus unserer Heimat, Sammlung 10. Am Rhein li. Folge". Versandt am 29. Mai 1922. Orginal im Besitz des Altonaer Museums in Hamburg - Norddeutsches Landesmuseum. Dasselbe Motiv erschien auch als Kupfertiefdruck in: Hermann A. Wiechmann: Wandertage am Rhein. Stimmungsbilder aus der Natur.* [2]*1922, zwischen S. 34 und 35, in Kombination mit dem Gedicht von Theodor Storm: "Der Nebel steigt, es fällt das Laub...". Es handelt sich dabei um eine in Bornhofen entstandene Aufnahme.*

Abb. 3 *Theodor und Oskar Hofmeister: "Sonnenuntergang".*
Postkarte in Kupfertiefdruck vom Verlag Hermann A.
Wiechmann, München. Orginal im Besitz des Altonaer Museums
in Hamburg - Norddeutsches Landesmuseum. Dasselbe Motiv
erschien auch als Kupfertiefdruck in: Hermann A. Wiechmann:
Mutter Erde. [3]*1921, S. 17, in Kombination mit dem Gedicht*
von Franziskus Hähnel: "Die Heide lag im Abendgold...".

druck und als Vergrößerungen (28,5 x 19,3 cm) in Kunstmappen, bei denen nach Wunsch ein passender Rahmen mitgeliefert wurde, um die einzelnen Blätter auch als Wandschmuck benutzen zu können. Auch bei diesen Produkten waren wieder Theodor und Oskar Hofmeister überproportional stark vertreten, unter den Seriennummern 126 bis 393 der Kunst-Postkarten waren allein 57 mit ihren Aufnahmen ausgestattet.

Das Verlagsangebot Wiechmanns und die dahinter stehende Ideologie verweist auf die Heimatschutz-Bewegung. Der 1904 in Dresden gegründete "Bund-Heimatschutz" hatte das Hauptanliegen, Landschaft, Natur und menschliche Umwelt vor der Zerstörung durch kapitalistische, d.h. internationale Industrie zu retten und zu bewahren.[29] Ländlich-Sittliches wurde als künstlerisch reizvoll eingestuft, Städtisch-Modernes dagegen abgelehnt. Die Vereinspublikation, *Mitteilungen des Bundes Heimatschutz*, und die Zeitschrift *Der Kunstwart*, in der der Vorstand, Paul Schultze-Naumburg, häufig publizierte, geben über die Vorstellungen und Ziele des Bund-Heimatschutzes Auskunft. Auch hier dienten als wichtigstes propagandistisches Mittel Fotografien, die als malerische Seh-Eindrücke den Blick der Leser für die "deutsche Heimatschönheit" schulen sollten.[30]

Die Sensibilisierung für die Schönheit der Heimat beabsichtigte auch Wiechmann mit seinem Verlagsprogramm. Er gab "Flugblätter" mit dem Titel "Im Kampf gegen den Ungeschmack auf dem Gebiete der Postkarte" in hohen Auflagen bis zu 350.000 Exemplaren heraus. Darin formuliert er als Aufgabe der "Kunst-Postkarten", "Schönheit und Kunst im Vaterlande" zu verbreiten, anzuregen und so den "Weg zum Denken und Fühlen zu öffnen". Postkarten sollen "Sehnsucht wecken", seines Erachtens weisen "Kunst und Natur... den Weg zur Höhe", gute Bildkarten sind demnach "fliegende Blätter dieser Kunst und Schönheit" und müssen - so sein Aufruf - "überall gefördert und verbreitet werden".

Der Umgang mit den Aufnahmen der Amateurfotografen hatte sich innerhalb weniger Jahre grundlegend gewandelt. Die als Gegenpol zu den massenhaften und seriellen Produktionen der Berufsfotografen entstandenen Aufnahmen, die zunächst als Unikate in aufwendigem Handabzug erstellt und zu horrenden Preisen in den Amateurausstellungen zum Verkauf angeboten worden waren, gab es nun als Massenbilder. Teils um die Jahrhundertwende entstandene und in den Ausstellungen bewunderte Aufnahmen der Brüder Hofmeister waren nun für 15 Pfennig in Postkartengröße erwerbbar und damit nur minimal teurer als Standardkarten, deren Preis 1912 mit 5 - 10 Pfennig angegeben wurde[31]. In diesem Fall hatte sich der Ausspruch eines Landschaftsfotografen von 1912 bewahrheitet, die Ansichtspostkarte war die "Galerie des kleinen Mannes" geworden[32]. Die Verwendung der Aufnahmen als Bildpropagandamaterial für den

Heimatschutz und deren massenhafte Verbreitung in Form von Büchern, Kunstblättern und Postkarten war - wie zumindest im Fall der Brüder Oskar und Theodor Hofmeister belegbar - ganz in deren Sinn. Nicht zuletzt spricht dafür, daß das Hamburger Museum für Kunst und Gewerbe einen von Oskar Hofmeister handsignierten Band der "Mutter Erde. Stimmungsbilder der Natur" besitzt. Er widmete es seinem Bruder und dessen Frau zu Weihnachten 1920.

Anmerkungen

1. WALTER, Karin: Postkarte und Fotografie. Studien zur Massenbild-Produktion (=VVK 56). Würzburg 1995, S. 99 - 106.
2. Allgemeine Photographen Zeitung 5 (1898/99), S. 140.
3. PIESKE, Christa: Das A B C des Luxuspapiers: Herstellung, Verarbeitung und Gebrauch 1860-1930. Berlin 1983, S. 86.
4. Wiener Freie Photographen-Zeitung 1 (1898), S. 90.
5. Photographisches Wochenblatt 24 (1898), S. 354.
6. WALTER, Karin: Postkarte und Fotografie. Studien zur Massenbild-Produktion (=VVK 56). Würzburg 1995, S. 52 - 74.
7. Das Atelier des Photographen 7 (1900), S. 106.
8. KLOTZ, Ulrike: Fotografen und Fotografie in Aschaffenburg 1839 bis 1933. Aschaffenburg 1990, S. 48.

9. BARTETZKO, Dieter u.a.: Wie Frankfurt photographiert wurde. 1850-1914. München 1977, S. 32.

10. Das Atelier des Photographen 3 (1896), S. 101.

11. KAUFHOLD, Enno: Bilder des Übergangs. Zur Mediengeschichte von Fotografie und Malerei in Deutschland um 1900. Marburg 1986, S. 18f.

12. Zit. nach PETERS, Ursula: "Künstlerischer Wille" als fotografisches Programm der Jahrhundertwende: Erlebniswelten. In: Fotogeschichte 6 (1986), H. 19, S. 9-22, hier S. 11.

13. Zit. nach STARL, Timm: Im Prisma des Fortschritts. Zur Fotografie des 19. Jahrhunderts. Marburg 1991, S. 65.

14. Photographisches Centralblatt 1898, S. 120.

15. Photographisches Centralblatt 1900, S. 417.

16. Photographische Rundschau 12 (1898), S. 163.

17. Diese Notizen Ernst Juhls befinden sich in einem Exemplar des Ausstellungskataloges der "Sechsten Internationalen Ausstellung von Kunst-Photographien in der Kunsthalle zu Hamburg. Hamburg 1898", das im Museum für Kunst und Gewerbe in Hamburg aufbewahrt wird.

18. Auch ein Exemplar des Ausstellungskataloges der "Achten Jahresausstellung von Kunst-Photographien. Hamburg 1900" mit persönlichen Notizen Ernst Juhls befindet sich im Museum für Kunst und Gewerbe in Hamburg.

19. Photographisches Centralblatt 8 (1902), S. 17. Abbildung der Karten: Photographisches Centralblatt 7 (1901), S. 107.

20. Photographisches Centralblatt 7 (1901), S. 201.

21. Photographische Mitteilungen. Illustrierte Zeitschrift für das Gesamtgebiet der Photographie 39 (1902), S. 393.

22. Zum Beispiel:1902 Wiener Photo-Club. Vgl. Photographische Korrespondenz 39 (1902), S.

45.1905 Photographische Gesellschaft zu Wien. Vgl. Photographische Korrespondenz 42 (1905), S. 525.1906 Dt. Gesellschaft von Freunden der Photographie. Vgl. Photographische Rundschau. Vereinsnachrichten 20 (1906), S. 100, 113.1907 Vereine von Freunden der Photographie zu Darmstadt. Vgl. Photographische Rundschau. Vereinsnachrichten 21 (1907), S. 12.1910 Klub der Amateurphotographen in Graz. Vgl. Wiener Mitteilungen photographischen Inhalts 15 (1910), S. 589.

23. Photographische Rundschau. Vereinsnachrichten 21 (1907), S. 6.

24. Photographische Mitteilungen. Illustrierte Zeitschrift für das Gesamtgebiet der Photographie. 47 (1910), S. 110, 300f. Deutscher Camera Almanach. Ein Jahrbuch für die Photographie unserer Zeit 7 (1911), S. 236.

25. Diese und zwei weitere Rezensionen der von dem Verleger Wiechmann herausgegebenen Buchreihe befinden sich ohne Angabe von Jahr und Seitenzahl als Verlagswerbung auf den letzten beiden Seiten folgenden Titels: Hermann A. Wiechmann: Heimatbücher der Menschen. Wandertage im Harz. o. J.

26. Vgl. Anm. 25.

27. KAUFHOLD, Enno: Bilder des Übergangs. Zur Mediengeschichte von Fotografie und Malerei in Deutschland um 1900. Marburg 1986, S. 37.

28. Elisabeth und Herbert A. FRENZEL: Daten deutscher Dichtung. Bd. 2 Vom Realismus bis zur Gegenwart [22]1985, S. 490.

29. Andreas HAUS: Foto, Propaganda, Heimat. In: Fotogeschichte 14 (1994), H. 53, S. 3 und 8.

30. Ebd. S. 10.

31. Photographische Chronik 19 (1912), S. 105.

32. Ebd., S. 106.

Inhalt